マレーシア航空370便

隠蔽された真実と
ついに動き出すケッシュ財団の神技術

ベリー西村

明窓出版

『マレーシア航空370便』内容

プロローグ

２０１１年12月6日、イランを偵察していたアメリカのスパイ偵察機ＲＱ１７０が無傷のままイラン軍に捕獲されるというニュースが世界を震撼させた。

ＲＱ１７０センチネルは翼だけの形状を持つ最新ステルス偵察機で、ロッキード社のスカンクワークスが開発したものだ。アメリカ軍はステルス性能の高いＲＱ１７０はイラン防空レーダーには捉えられないと考えていたが、そのような最新鋭機が無傷のままイラン軍によって捕獲されたのである。

２０１３年1月7日、米北東部マサチューセッツ州ボストンのローガン国際空港で当日午前10時半頃、駐機中の日本航空ボーイング７８７型機の機体後方にある電気室から出火、同空港の消防隊が出動する事故が発生、それを皮切りにボーイング７８７のバッテリー損傷事故が次々と報道された。

この二つの事件は本書執筆を開始した3月3日（２０１４年）でもその捕獲技術や事故原因は不明のままであり、発生直後からこの二つの事件に私は強い興味を持った。

2013年夏、明窓出版から発刊された「洗脳」という本にRQ170捕獲技術やボーイング787搭載バッテリー発火原因を発表している。そんな私に2014年2月21日、一通のメールが入った。発信者はイタリアにあるケッシュ財団研究所に所属する研究員からである。内容は私の著書にあるエネルギー理論とケッシュ財団の理論がほぼ同じであり「いろいろ情報交換をしたい」というものであった。

「まさか……!」

私が著書「洗脳」「夢研究者と神」で発表した時空、時間、宇宙、エネルギーなどの内容は私の理論ではない、夢の中で不思議な存在（Ω様《オメガ》と呼称）から教えて貰った理論である。その理論は現代科学では理解も観測もできないものであり、そこで「まさか……!」と感じたのである。

最新科学での素粒子研究は2014年現在では「ヒッグス粒子が見つかった」というのが最新成果であり、私がΩ様から教えて貰った素粒子理論は、クォーク、レプトン、ヒッグス粒子というレベルでは無く、もっとぶっ飛んだ素粒子理論だ。私が神と敬愛する存在からの教えや理論を「ぶっ飛んだ」という表現は適切ではないがそれ以外の表現ができない理論でもある。

現代科学ではヒッグス粒子が観測限界となっている。その理由はそれ以上の計測装置を作るための費用が捻出できない、ということである。ヒッグス粒子を観測するための装置は、スイスの欧州合同原子核研究機構にあるものであるが、全周約27キロメートルに及ぶ円形トンネルの中で加速され絞り込まれた直径約0・02ミリメートル、2本の陽子ビームを正確に正面衝突させ、発生する様々な粒子を検出する。そんな実験結果の分析から「ヒッグス粒子」の存在がやっと確認されたのが2013年10月のことである。

このCERN（欧州合同原子核研究機構）の建設費用はオーストリア、ベルギー、ブルガリア、チェコ、デンマーク、フィンランド、フランス、ドイツ、ギリシャ、ハンガリー、イタリア、オランダ、ノルウェー、ポーランド、ポルトガル、スロバキア、スペイン、スウェーデン、スイス、イギリス、日本、米国、ロシア、カナダ、インド、イスラエルが協同で費用を捻出しているということで、ヒッグス粒子より小さい素粒子を見つけるためには天文学的な建設費用が必要となる。たとえば2025年に完成予定の国際リニアコライダーの場合、建設費は一兆円程度になると言う。CERN建設でさえ20カ国が協同で捻出したのであり、国際リニアコライダーの建設を最後として人類はそれ以上の研究施設を作れないと思われる。なぜならば、それほどの高額資金は自国民の生活に直結したものに使用される方向に軌道修正されていくだろう。

ここで、Ω様の言う素粒子理論を説明しよう。まず大きいものから並べてみると「細胞、分子、原子、原子核、陽子、中性子、電子、クォーク、ヒッグス粒子、光子、時間子、意識子、重力子、根源意識」の順となり素粒子としては重力子が最小のもので「真の素粒子」となる。根源意識とは純粋なエネルギーで素粒子の形態はない。Ω様の説明では「細胞、分子、原子、原子核、陽子、中性子、電子、クォーク、ヒッグス粒子、光子、時間子、意識子、重力子、根源意識、これを基本として考えれば森羅万象全てが理解できるのじゃぞ。ただ大法則として、大きいものは小さいものに影響を与えられない。小さいもののみがより大きいものに影響力を保有するのが宇宙の大法則である」ということである。

RQ170の捕獲やボーイング787の過電流などの引き起こす技術は現代科学も保有している。このような最新兵器や機器にはもちろんだが、銀行の管理システム、自動車などに使用されるコントロールシステムにはマイコンが多数使用されており、マイコンにはLSIと言われるICチップが心臓として内蔵されている。

IC（集積回路）とは、素子の集積度が1000個～十万個程度のもので、LSIはそれ以上の性能を持つものだが、回路はシリコンウェハーにポロンなどの物質を利用してプリントし整流、変調、検波、増幅などの機能を持たせている。これらはナノレベルの技術で製造されているので、強い特定波を照射すれば簡単に狂ってしまう。現在、北朝鮮でも開発中のＥＭＰ電磁パルス兵器やＨＡＡＲＰ（高周波活性オーロラ調査プログラム）を使用すれば可能である。ＥＭＰとは高々度核爆発などによって発生する強いパルス状の電磁波のことである。

ＨＡＡＲＰとは米軍兵器施設の一つで、電離層を操作することにより敵軍のシステムを妨害する他、その地域全体を機能不全に陥らせる能力さえ持つ。このシステムは電離層において人工的にプラズモイドや球状の雷を創り出し、その気体の中心点をレーザーで移動させることによりコントロールする。ＨＡＡＲＰという巨大な装置を使ってエネルギービームを空に向けて発射すると、このエネルギービームは電離層で反射され低周波の電磁波として地球に戻ってくるという装置である。どちらもＩＣチップを壊したり機能一時停止させることができる。つまりコンピューターが機能しなくなったり破壊されるということである。

イギリス程度の国土ならば1発のＥＭＰ爆弾で破壊できる。破壊といっても熱的な破壊ではない。コンピューターの機能破壊なのだが、これは熱的破壊以上に効く。日本上空でＥＰＳ爆弾が炸裂した場合を仮定すれば、まずは上空を飛行している航空機が次々と墜落していく。燃料制御、電気制御、操縦制御システムには多数のマイコンが使用されており、その全てが制御不能となり墜落する。燃料噴射装置のない気化器とワイヤーで操縦する小型飛行機以外は全て墜落してしまう。

自動車、鉄道も同じであり、インフラの全てが機能しなくなってしまう。家庭では炊飯器も機能しないし、現代の家庭用電気器具は使用不能、エアコンも動かなくなる。慌ててスーパーに買い出しに行こうにも、その前にATMが機能しない、また銀行自体が全て破壊され動かないし残高メモリーも消え去っている。鉄道の追突、飛行機の落下、自動車事故などの火災が発生するも自動消火システムも作動しない。高層ビルでのエレベーター停止、その後の火災で日本中が大パニックに襲われる。水道、電気、ガスが停止、食料を煮ることも焼くこともできなくなってしまう。襲いかかる事故から生き延びたとしてもローソクの生活と食料不足による質素な生活が待っていることになる。

一方HAARPは照射を浴びるとマイコン破壊以外に、まず人間がやられてしまう。脳や血液が沸騰したり、つまり囲いのない電子レンジに人間が身体ごと入ったようなものである。いったんEMP爆弾を使用されると日本は江戸時代の生活に戻らなくてはならない。地球全体で使用された場合、世界は中世の生活に戻る。特に先進国と言われる国々の人たちに於ける生活様式は大きな影響を受け、元に戻せないほどの大打撃となる。復興するにもその方法や手段を全て失っている。それにより道路には放置された自動車のため自転車での通行も困難となる。銀行は全て機能しない、そこで手持ち現金に頼るしかないが、銀行が破壊されたということは現金に対する信用もゼロとなり、都会で生活している人々にとっては地獄がやってくる。食糧を調達しようにも地方に移動する手段が無い。そのため宝石や貴金属を持って徒歩で農村地区まで食料との物々交換に行かなければ生き残れなくなる。このように少し予測しただけでも生活は激変するのだが、現代の日本人はマイコンの無い状態、つまり炊飯器を使用する以外の方法、たとえば飯盒や釜でご飯を炊ける人はほとんどいないだろう。

イラン軍によるＲＱ１７０の無傷捕獲ではボーイング７８７と同じ技術が使用されている。ＲＱ１７０行方不明の報を受けたアメリカ政府は「またいつものトラブルか、どうせ機体は墜落して全損だろう」とこの件を放置したが、その後イランの公表した映像に彼らは度肝を抜かれることになる。ほぼ無傷の極秘偵察機がイランの手に渡っていたのだ。そこでアメリカはＲＱ１７０の奪還に全力を尽くすも、イラン側による公表が捕獲してから一週間後のため、情報を知った時にはすでにＲＱ１７０はイラン秘密基地に移動されていた。

保管位置の特定ができず万策尽きたアメリカは最後の手段に出る。オバマ大統領自らイラン政府に機体の返還を要請したのだが、当然イランはこれを無視、アメリカは泣き寝入りとなった。

そこでアメリカは二度と捕獲されないように原因の追及を始めた。そもそもRQ170には故障の場合や遠隔操作が不能となった場合でも自動帰還システム、自爆システムが内蔵されていた。しかも上空一万五千メートルを飛行しての偵察であり、捕捉はされないだろうとイラン軍の探知能力を過小評価していたこともその原因であった。

イランはロシアから最新の電波探知防衛システム「アブトバザ」を調達し、核施設周辺に集中配備していたのだ。探知したRQ170に「ある種の攻撃」を加えアメリカ本土からの遠隔操作を無力化したのである。そこでRQ170の自動帰還システムが起動したのだが、またしても「ある種の攻撃」でGPSを狂わせ、イラン基地滑走路座標をRQ170に指示したのである。繰り返すが、この出来事は2011年12月6日に発生した。これの内容に関しては後述する。

2014年2月21日、イタリアのケッシュ財団研究員からのメールにはケッシュ財団のホームページがリンクされていた。それはケッシュ財団支援ネットワーク日本というもので、財団の技術や研究が紹介されていた。その概略をご紹介する。この財団の正確な呼び方はケッシュ財団またはケシュ財団のようだが研究員からのメールではケシュ財団と書かれていた。私としては一般的呼称、検索でヒットする「ケッシュ財団」の呼び方を採用する。

ここから謎の多いケッシュ財団が、どのような技術を持ち、いかなる活動をしているのかを財団が公開している情報から抜粋してご紹介していこう。ケッシュ財団の技術などは一応財団側が公開している広報内容のままをご紹介するが、その検証に関してはその後に記述する。

ケッシュ財団とは

ケッシュ財団は彼ら財団自身で開発した国際特許申請済みの画期的テクノロジーを人類に無償で開放する「世界平和の達成」を目的として設立されたイタリアを本部とする非営利団体である。創設者はイランの原子力エンジニア、ケシュ博士、1958年生（執筆時54歳）ベルギー・ブリュッセル在住。ケシュ博士の活動はすでに40年に亘っている。現在300以上の応用技術が特許取得済み、又は申請中でケシュ博士へのインタビューなどによると、様々な組織が彼の活動を妨害しようとし、殺害の脅迫や嫌がらせをやっているらしい。

財団の持つ原子炉プラズマ宇宙船技術（スペースシップ・プログラム）を用いれば、世界の水、食料、環境汚染、医療、エネルギー全ての問題の解決が可能という。２０１３年３月21日、世界平和会議への参加と、平和条約への署名を世界中の政府に呼びかけたが、今まで独占で利益を得てきた様々な業界の反発が大きいのは必須で、マスコミでは財団の活動は報じられていない。ケッシュ財団に関しての情報は日本ではネットでしか知ることはできない。日本同様に情報の締め出し圧力が世界規模で進行中のようだ。

ケッシュ財団からは「平和条約」に署名するよう各国政府に呼びかけ、署名後は財団のテクノロジーとそのノウハウを一斉に提供するという。

これらは「重要なメッセージ」として２０１４年１月21日にホームページに掲載されている。ケッシュ財団の活動はホームページのフォーラムとして世界に発信されている。現在、各国で商業化のための開発がすでに始まっていると発表しているが、どの国で、どの団体が開発をしているかは、各自の発表に任せているらしい。日本政府に対しても情報を無償提供すると次のようなメッセージを発信している。

日本大使への手紙

スペースシップ・プログラムを日本大使に２０１２年11月２日午後一時半に贈り物とし

て手渡しました。この日より日本国は重力宇宙テクノロジーを用いて福島の空気中や周辺に広がった核放射能を収容し、福島の放射能漏れを綺麗にし、日本の人々を助けることが出来るのです。このテクノロジーの提供により日本政府は自国による新しいエネルギーの供給システムを開発出来るのです。そしてわずか数年のうちにエネルギーを自給自足でき、輸入に頼る必要がなくなるということです。全ての国に渡されるスペースシップ・プログラムUSBスティックの内容は全く同一のもので、同じマスターファイルからのコピーです。ですからどの国も、ケッシュ財団から同じスペース・リアクターテクノロジーの特許と設計図を受け取るのです。日本国がUSBスティックを受け取ったことをケッシュ財団は祝福します。

日本政府にはこの技術の実用化を果たし、貴国が現在抱えている核の問題を出来るだけ早く解決するために完全な技術的支援をすることを申し出ます。日本政府への技術提供は、勤勉な国民性をもつ日本へのケッシュ財団からの無償の贈り物で、私たちは日本国がスペースシップ・プログラムの一員になることを歓迎します。

世界平和への招待とテクノロジーの公開

２０１２年４月21日、ケッシュ財団が招待した各国の大使とのブリュッセルに於ける会合に続き、２０１２年９月６日、ベルギーのニノブにあるケッシュ財団センターで会合が開催されました。その招待状は世界各国の大使や指導者を通じて全世界に送っています。

2012年4月、私たちは技術の初公開の目的で全ての国の代表を招待しました。ある国の大使は参加し、ある国では他国からの圧迫により無視したり、寸前になってキャンセル、出席通知を撤回した国もありました。今回、2度目の招待については率直に各国の指導者にお願いします。2012年9月6日の財団での会合で、貴国では貴国政府を代表し交渉できる立場や地位にある方を是非任命してください。

次項もケッシュ財団が公表する資料からの抜粋を続ける。

招待状を送る理由

2012年9月21日、ケッシュ財団は宇宙技術と重力及び磁力システムの第一段階を開示します。これらの製品が生産され、各国に広がるよう世界中の科学者に対して同時に開示を行います。この時点からは各国を隔てる国境というものは意味を持ちません。この技術を使いますと公共性を持った最初の飛行システムによるスペースシップが建造され運行に入ることが出来ます。たとえばテヘランからニューヨークまでの飛行所要時間は最大で10分程度の飛行となります。この新しい技術の空輸システムにより全ての人達がこの地球上のどこからでも、ほとんど無料で旅行できるようになるのです。この航空機は、現在のレーダー技術では検知不可能です。この技術利用によりエネルギー危機は即時解消されます。

この技術開発が実践に至りますと、エネルギー供給用動力として使用でき、その装置を通じて現在の経済構造は全く変化していくでしょう。また世界の水不足問題は、私たちのエネルギー技術と宇宙技術を提供することによって解決されるのです。

過去6年間に亘りケッシュ財団は国際パテントシステムを用いて、各国と主要な科学者達が私たちの特許技術を持ったことを喜んでいます。この結果、私たちの持つ技術への個人又はグループによる妨害を回避できたのです。今では、ほとんどの国が私たちのパテントの使用権を保有し、エネルギー生産、医療システム、宇宙旅行研究に用いています。過去から国際開発を防止するために用いられたこの国際パテントシステムが抜け道となり、そのおかげで全ての国が私たちの技術を、より早く開発するため共同して研究する機会が持てるようになりました。強調したいのは私たちの技術は、各国民の利益になるよう全ての政府に無償で利用できるように提供しているのです。このシステムを通じて各国が必要な全てのエネルギー、水、食品、新しい医療、新輸送システムを非常に低いコストで得られるように開発してきました。ケッシュ財団の精神に則り、これら技術は世界中の人々に平等に共有されることが大切です。

私たちの技術特許はこの地球上の全員の財産であり、いかなる人、組織、国家によって独占所有権を主張されるものではありません。つまり、私たちの技術によって生じる利益を各国が平等に享受できるのです。ケッシュ財団は招待する国のリストを公表し、招待を受ける人の電子メールリストを公表しますので貴国政府は誰が代表として、この会合に出席するのか知らせていただく責任があります。この電子メールは各国大使館に届けられ、その情報はケッシュ財団のフォーラムとウエブサイトに掲示されます。それら開示情報を通じて貴国の人達はこの招待の申し出を知ることになるでしょう。

会議にご出席された国々の技術者に対しケッシュ財団は技術教育を実施いたします。私たちの新しい技術を万一軍事に応用しますと、とてつもなく恐ろしい破壊をもたらすことになります。しかし、この技術を貴国民の為に正しく使用されますと、子供も大人も渇きや空腹で死ぬことはなくなり、飢餓とは無縁の世界になるのです。また各国は他国に攻撃されることもなくなります。各国家の資産や資源を守ることは悪いとは言いませんが、同じ地球上に生きる国々と地球資源を共有し、私たちの技術を利用して、エネルギー、水、食品、健康管理などの問題を解消していくことが大切です。ケッシュ財団は、肌の色、国家、宗教、或いは政治的傾向は一切考慮しません。私たちの呼びかけは全ての政府に対して行われますので、各国の科学者チームを指名していただき、私たちケッシュ財団の技術を直接視察していただきたくお願いします。

ケッシュ財団の開示する技術を直接見ていただき、その後、自国内でご検討くださることを希望します。もし、あなた方がこの招待を無視されますと、私たちの技術を視察し、この技術を保有した国々に対し貴国は従属することになるでしょう。私たちは早急に世界各国がケッシュ財団技術への協力体制に加わるよう呼びかけます。なぜなら、このシステムが運用されるようになりますと、人々を仕切っている国境という垣根は、全く意味をなさなくなるからです。

ケッシュ財団より福島に捧げる除染技術

ケッシュ財団には東電に提供できるとてもシンプルな技術があります。それは、ある液状の物質を汚染水に混ぜ安定させる方法です。それだけでセシウム１３７、トリチウム、その他どのような放射性物質も、全てこの物質構造内に吸着し容器の底に沈着させることが出来る方法なのです。汚染水だった上澄み水は完全な浄水になります。すでにご紹介したように、ナノ酸化物と磁石を使って沈着した放射性物質を一カ所に集めて取り除くことができるのです。

東電の敷地内にあるタンクの膨大な量の汚染水を浄化することが可能となります。費用は約50万ユーロでしょう。この技術の延長ですが、違う手法を使った除染技術もご紹介しましょう。これは革新的なシステムです。

放射性物質を土壌や水中から除去したい場合には、その物質を引き付ける磁場環境を作ればよいのです。つまり除去したい物質の磁場重力場を作るという意味です。

ナノコーティングされた金属から、セシウムやトリチウムを引き付ける磁場環境を作れるように、どのような物質でも引き付ける環境を作ることができるのです。簡単に言えば、どのような物質でも引き付ける磁石を作れるということです。プラスティック、銅、木、ガラス、ペットボトル、布でさえ磁石化は可能となります。

これは科学界に全く新しい革命をもたらす技術です。例えば、海洋に漂う大量のペットボトルを引き寄せて簡単に回収できますし、都市上空に漂う公害物質を直に吸引するシステム環境を作ることによって都市空気の浄化ができるのです。これにかかるコストは、ほんの数千ドルです。私たちはこの技術を利用して、どのような物質でも大気環境から抽出するシステムを開発しました。

金や銅などを無限に生産していくことはできません。そこで銅、金、ガラス、プラスティック、酸素、水素などのエネルギー磁場を作ることで、大気から必要とする物質、エネルギーを抽出し希望する物質に変換する技術を開発しました。しかし、福島周辺の海底に沈着した膨大な汚染物質などは、ナノコーティングされた金属だけでは除染しきれません。海洋という規模になりますと新しいシステムを作る必要があります。そこで私たちは、どのような環境下のどのような有害物質でも取り除くことができるシステムを開発し、すでにテストは完了しています。

私たちはそれが可能なシステムを公開します。この新システムとは、吸引したい有害物質や汚染物に適した磁場重力場を作ることが出来れば、それらの汚染物質を引き寄せることが出来るのです。たとえば、セシウムやプルトニウムを吸引する環境を作り出すシステムも開発しています。この技術ですが、物質の磁場重力場を私たちが開発したリアクター内に作り、どのような物質をも環境から抽出することができるのです。リアクター内の環境条件をプラスティック場から数秒でガラス場に切り替えることも可能で、この技術は世界中に多大な影響力を及ぼすでしょう。

ケッシュ財団の技術

公開しているケッシュ財団の持つ技術は多岐に亘っている。

エネルギー開発技術、宇宙開発技術、輸送開発技術、医療技術、環境と農業技術などであるが、すでに実用品も多く特許も取得しているようだ。ここでケッシュ財団が公開している技術の詳細を財団が公表するままをご紹介していく。

エネルギー開発技術部門

①ケッシュ電池セル

これはケッシュ財団が開発した「デー&ナイトパネル」というもので昼も夜も電気を送ることが出来る。しかも現存の太陽光パネルに比べて圧倒的に効率が良い。このパネルにより電気製品や電子機器への安定した電力供給が可能になる。同時にこのパネルには、空気中の二酸化炭素やメタンガスを吸収し、液体に変える機能がある。

②発電システム

発電所、自然エネルギー発電所、地域、住居の発電装置、遠隔発電バッテリー等。これを用いるとコンピューターや携帯電話用のバッテリーの寿命は2年~3年になる。マイクロバッテリー分野では、小型電子機器電源と冷却ファン用バッテリーの寿命が数年となる。プラズマバッテリーの使用で道路の監視カメラは10年使用出来る。パワフルな出力で、膨大なデータをサテライトや地域アンテナに送信できる。ホームシステムとの連携など、既存技術の限界を超えたパフォーマンスを可能にする。これらは単独で使用でき、他の電源を必要としない。太陽光パネルの様に太陽熱も不要。又、中央制御システムの配線も不要になり、サブシステムにはアウトプットに適したプラズマバッテリーを使用することで単独で稼働できる。産業用ロボット用エンジンにプラズマバッテリーを使用すれば中央制御システムからの指令をワイヤレスで送信できる。

宇宙開発技術部門

①プラズマリアクターにより重力を制御することで、リアクターと宇宙船の周辺に、地球重力と磁力に反して独自の磁場と重力場を生じさせる。
②宇宙船、リアクターの開発と製造
③宇宙探索用の建造物システムの開発と製造
④月―地球、地球―地球の輸送サービス
関連として宇宙トラベル、宇宙クルージング「ムーンウォーク」バケーションツアー、水、空気、エネルギーなどの基本物資の供給システムや衛星軌道への配備、宇宙ステーションへの装備品等の輸送技術等。

輸送開発技術

①自動車産業では未来の車はプラズマ・リアクターによる発電で走るようになる。必要なシステムは家庭用の電子レンジほどのサイズで可。車輪の無い車やトラック、クリーンな水素電気自動車が地球の重力に反して浮き上がって走行できる。

②航空産業技術では翼のない航空機が反重力を利用して飛行。航空機は空中に浮揚し磁気シールドによって防護される。
③鉄道産業では鉄道には線路も架線も不要。プラズマ・リアクターの利用で公共の交通機関の全ての車両は浮上して走行できる。

宇宙開発技術

ケッシュ・プラズマリアクターにより創生された二重磁場により宇宙船は反重力の特性を持つことが可能になる。磁気シールドが宇宙船を防護し、宇宙船内は地上と同じ環境にコントロールされ快適な飛行が可能。特に革新的技術は物質変換システムであり、プラズマリアクターは分子を分解し望み通りの分子に変換する機能を持つ。

医療技術

研究中の疾病では、慢性閉塞性肺疾患、てんかん、多発性硬化症、昏睡、悪性腫瘍、パーキンソン病、脳腫瘍、筋萎縮性側索硬化症などだが、ケッシュ財団は人体への基本概念として、銀河、ソーラーシステム、惑星は全て「独自のもつれを持つプラズマ磁場」で出来ていると考えている。人体は複雑でダイナミックなプラズマ磁場の総合システムであり、身体の各臓器、胃、腎臓、肝臓、肺、脳、循環・脈管機能、胃脈管、リンパ管、神経、分泌腺、骨、筋肉、その他の内容物、血液、細胞、DNA、RNA、遺伝子も同様に「独自のもつれを持つプラズマ磁場」とみなし治療を施す。病気や慢性病は身体の「独自のもつれを持つプラズマ磁場」のバランスが崩れた際に生じると考えている。その治療に使用されるプラズマ・リアクターテクノロジーは、生命についての基礎知識、物質、反物質、暗黒物質の宇宙における創造についての知識をベースにしている。素粒子は、実は小さな磁場の集合体で、グループとして纏まり、より大きくダイナミックなプラズマの場となる。クォーク質量と呼ばれるものは、物質の中心にあるプラズマ磁場が構成要素であり、それらによる相互作用により創造される。宇宙のいかなる物質も同様。

ケッシュ財団2014年からの活動指針

2014年という年は新しいテクノロジーにより人類の進路を変える年になる。我々が提供する新技術が、人類にまだ明かされていない大変革をもたらすだろう。ケッシュ財団は、2014年には我々の持つ高度テクノロジーを公開し、人類社会のあらゆる層に亘っての大変革を達成するため、我々の技術力を世界の人々に示す年にする。

私たちの持てる全てを公開することで、世界に於ける飢餓や戦争を終わらせる計画である。これは技術的、科学的、科学者、世界中の政府、全ての人々に対して平等に行われる。

２０１４年、ケッシュ財団は人類が待ち望んできたテクノロジーを、我々の研究所を通じて全人類に届ける。今まで知られていなかった高度なテクノロジーを届けることで、私たちは飢餓と戦争に終止符を打つ。私たちは、全ての人々が暮らしに必要な物、住居、その他必要なものを十分得られることを確実なものにする。もう誰も苦しむ必要が無くなるように、私たちのテクノロジーを公開する。そうなると世界の人々は、もう金や宝石を所有することに興味も関心さえ持たなくなる。２０１４年私たちは、人類にとって未知な物質や科学技術をもたらす。この新しい物質や知識はこの星の恒久的平和を築くために利用されるのだ。

２０１４年は新しい時代の始まりとなる。アダムの時代から続いた慣性、慣習からの転換期となる。世界の指導者たちに一つ約束する。あなたと、あなたの国のやり方を変えなさい。でなければ国民が、新しいテクノロジーの応用とその利用によって国を変えることになる。この年からは、誰も武器を取って争いをすることはなくなるし、また許されなくなる。誰も戦争のためにお腹をすかし、家を失うことはなくなる。戦争のための道具を開発してきた軍事産業を、住宅や食料の生産工場として利用すればよいのだ。軍事産業の生産した兵器のために、必要のない戦争を扇動、計画、実行してきたのである。

宇宙の知識を自由自在に持つ者として、私は持てる全ての知識と力をこれら複合軍事産業体に注ぐ。さて、神の書にある『汝、殺すべからず』に従わない者は誰であろうか？人類が何世紀にも亘って待ち続けた過去の聖なる書にある「変革への約束」は必ず成就されるだろう。本計画への準備はすでに調っている。最新航空機、ミサイル、核兵器を無意味で時代遅れにするテクノロジーを我々が公開することで、世界中の武器製造を中止させるために全力を投入する。

以上がケッシュ財団が公開している活動内容である。

ケッシュ財団理論

ケッシュ財団の公表した情報で注目すべきは「素粒子は、実は小さな磁場の集合体」という発言である。この意味は重大な意味を示唆する。現代宇宙科学の理論を全て否定することなのだ。また宇宙創生の秘密を暗示した言葉でもあろう。

２０１４年２月21日、イタリアのケッシュ財団本部研究員から突然のメールを受け取った私は、この財団に興味を持ち調べ始めた。日本国内で注目され始めたのは２０１３年夏以降のようで、財団ホームページや動画配信も最近のように思えた。

ケッシュ財団に関しての書籍は日本では発売されていなかった。ただ調査中に見つけた「素粒子は、実は小さな磁場の集合体」というこの発言には恐れ入った。私から言えば、この言葉は「神の素粒子理論」を端的に表現したもので、これはただならない財団と直感した。

私はΩ様に対して宇宙創生の謎を質問したことがある。もちろん宇宙創生の問いだけではなく、時間、光、重力などいろいろなテーマを過去から20年程度の期間、質問し回答を貰ってきた。

ここでもう一度、Ω様が語った「Ω素粒子理論」に関して説明することにしよう。まず大きいものから並べてみると「細胞、分子、原子、原子核、陽子、中性子、電子、クォーク、ヒッグス粒子、光子、時間子、意識子、重力子、根源意識」の順となり素粒子としては重力子が最小のもので「真の素粒子」となる。根源意識とは純粋なエネルギーで素粒子の形態はない。

Ω様の説明では「細胞、分子、原子、原子核、陽子、中性子、電子、クォーク、ヒッグス粒子、光子、時間子、意識子、重力子、根源意識、これを基本として考えれば森羅万象全てが理解できるのじゃぞ。ただ大法則として、大きいものは小さいものに影響を与えられない。小さいもののみがより大きいものに影響力を保有するのが宇宙の大法則である」ということであった。

Ω理論から福島の放射性物質の除去について考えてみると、まず放射性物質は当然分子の集合体だが、放射能は電磁波の一種である。その電磁波とは何かと言えば光子に分類できる。正しくは電磁波とは長波からAM、FMなどの各種電波、赤外線、可視光線、紫外線、ガンマー線、アルファ線、宇宙放射線などの総称であるが、一応Ω理論により光子に分類する。

大法則として、大きいものは小さいものに影響を与えられない。小さいもののみがより大きいものに影響力を保有するのが宇宙の大法則ということから、放射線をコントロールしたり影響力を持つものは意識子と重力子ということになる。Ω理論からケッシュ財団の言う「マグネティックフィールド」というのが意識子と重力子の領域を表現していると、私は分析している。

ケッシュ財団のホームページでは、放射性物質の除去に関してこのように発表している。
「吸引したい有害物質や汚染物に適合した磁場重力場を作ればそれらの物質を引き寄せられる。セシウムやプルトニウムを吸引する環境を作り出すシステムもある。私たちは今や、物質の磁場重力場をリアクター内に作り、どんな物質も環境から抽出することができる」

ここで物質の「磁場重力場」という言葉が登場している。この「磁場重力場」が放射性物質に影響力を持つことはΩ理論においても正しいことを述べているし、それが唯一の方法なのである。

最先端の現代科学を振り返ってみよう。素粒子研究においてはヒッグス粒子の観測が最先端研究ということは前述した。しかも世界20カ国が何千億円という巨費を投じ協同建設したスイスの欧州合同原子核研究機構（ＣＥＲＮ）によって２０１３年10月に得た研究成果がそれである。Ω素粒子理論の「細胞、分子、原子、原子核、陽子、中性子、電子、クォーク、ヒッグス粒子、光子、時間子、意識子、重力子、根源意識」という素粒子群から見れば現代科学上、光子、時間子、意識子、重力子は未知素粒子となる。ところがケッシュ財団の技術は最新科学が知り得ない領域の最高峰、重力子を利用する技術ということになる。

私はこの素粒子の種類と順を夢の中で「Ω様」から講義を受けた。２０１２年に発表した「夢研究者と神」という本で、その素粒子である「時間子」や「光子」に関しても詳しく書いてきた。それはあくまで「神」という存在から授かった知識だったが、その知識を実際に技術として確立しているケッシュ財団のトップ、ケッシュ博士はいったいどのようにしてその知識を知ったのであろうか。そこで私はもう少し詳しくケッシュ財団を調べることにした。

ケッシュ財団概説

創設者ケッシュ博士はイランのX線技師の家庭で育ち、イギリスのクイーン・メアリー・カレッジで原子炉システム制御技術を専攻している。２００６年にベルギーで最初のプラズマ球体を発見、ブリュッセル大学、ベルギー連邦政府から技術供与を求められている。２００８年にはイラン政府からの招待で、世界で最初に重力外部運動システムをイランに与えている。このイラン帰省中、ケッシュ博士がイランに提供した技術は、推進システム、慣性制動システム、トラクタービームシステム、フィールド場理論及びレーダー妨害能力などである。現在のケッシュ財団の豊富な資金はイラン政府、ベルギー政府への技術提供料がベースとなっていると私は推測している。一方、カナダ政府の場合、強制的にケッシュ財団から技術を盗み取っているが、その経緯はケッシュ財団のホームページで公開されている。

２０１２年、ブリュッセルからメキシコシティーへ向かう途中の通過地点、トロント空港の機内でケッシュ博士は逮捕される。そしてカナダ政府により３日の間、取り調べを受けた。トロント空港での尋問は多い時で１２人のカナダ政府エージェントと科学者同席の上、連続３日間に亘り、朝９時から深夜１時まで続けられたのである。こうしてケッシュ財団の技術はイラン、ベルギー、カナダ政府が獲得したものと思われる。そして２０１３年オランダからイタリアにケッシュ財団の本部は移転するのだが、新しいスポンサーにイタリア政府も加わったようである。それを見て、ドイツ、ブルガリア、中国、韓国、ロシアも財団の技術を狙っている。

ケッシュ財団の宇宙基軸理論「素粒子は、実は小さな磁場の集合体」と同じことをΩ様も語っているが、ビッグバンに関してケッシュ財団はこのように説明している。

「ビッグバンはなかった。あなたが創造のプロセスを理解していれば、ビッグバン理論は、それを思い付いた人の愚かさから来ている。中性子が電子と陽子に分かれる時、全くビッグバン（大きな炸裂音）はなかった。『ヒューという音』だけだ。次にプラズマが分裂していったのだ。誰がビッグバンのアイディアを考えついたにせよ『ビッグバンにより宇宙が創造され、やがて冷却し、重力、原子が生み出された』などは愚かな理論であり、全くナンセンスと言える。このビッグバンというアイディアは物理学について何も理解してない連中の理論でしかない。最新物理学はプラズマ構造を理解しつつある。プラズマのエネルギーが低下する時、それは物質のレベルになり、やがて有形となるのだ。従ってビッグバンなど無いし冷却も無かったのだ」

「素粒子は、実は小さな磁場の集合体」というケッシュ理論は、宇宙創生、宇宙論、ビッグバン、ブラックホールなどの定説となった理論を全て覆すことになる。このケッシュ理論により真空エネルギー、ダークエナジーも説明が可能となる。実際ケッシュ財団はダークエナジーに関しても次のように説明している。

「原理物質、暗黒物質、暗黒エネルギーに関して今多くの人が話しているが、これは非常に面白い。私たちはそれを推移エネルギー、推移物質と呼ぶ。なぜ推移なのか？　その状態が強い磁場のポイントから、感知可能になるポイントに推移するのに時間を要するからだ。このように運動している磁場、それが、私がエネルギーと呼ぶものだ。この源の強い場の運動状態から、私たちの感知可能ポイントに一瞬のうちに移行はできない。その過程で時間と空間を必要とし、それを推移と呼ぶ。なぜそれが推移か？　それは移行中だし、彼らはそれを理解できなかったので、それを暗黒エネルギーと呼んだ」と説明しているが、ここは少し説明が必要だろうと……。

ケッシュ宇宙理論は物質と反物質が合体し対消滅した場をマグネティック・フィールドと呼んでいる。Ω様が言う根源意識と重力子の混ざった場のことだが、そこから時間子、光子、ヒッグス粒子、レプトン、クォークへ移行しつつある状態がダークエナジーということだ。さらにダークエナジーは移行し電子、中性子、陽子と移行する場がダークマターとなる。

ケッシュ財団の物質変換システム、プラズマリアクターは分子を分解して望み通りの分子に作り変える機能がある。分子を分解し望み通りの原子や分子に組み替えが可能となる。

アメリカ、ロシア、中国など軍事大国が何兆円投じて開発したり、核弾道ミサイルをいくら保有したところで、この技術を持った相手にとっては全く無用の長物となってしまう。

ケッシュ財団に関しての大まかな概要はご紹介した通りである。ケッシュ財団の言う「マグネティックフィールド」に関してはヒッグス粒子で述べたが、現在の科学を超越した領域のエネルギー利用であり素粒子分野のため、これまでのいかなる書物や既存データなどは意味も持たない。その一例としてブラックホールは存在しない、ビッグバンはなかったというケッシュ財団の理論は誰も否定できない課題である。もちろん現在の宇宙科学や宇宙物理学では、ブラックホールは存在するとされているだけで、確実な証明や証拠は何もないのである。そんな宇宙科学や宇宙物理学を信ずる人たちからは、ケッシュ財団理論は、理解できない狂った組織に思えるだろう。

「プルトニウムは重いから飛びません」「プルトニウムは飲んでも大丈夫」と福島原発事故直後、平気で公表したのは東大の専門家たちの皆さんであった。特に古典物理学に犯された頭脳からは「エネルギー不変の法則」「物理証明や実験での追認不可」などの理由からケッシュ財団を非難する声が多いことも調査過程で私は知った。それでもなお、ケッシュ財団技術や理論は現代科学では理解を超えた領域にある。しかし２０１１年、アメリカの最新無人偵察機がイラン軍に捕獲されたことは、この地球で現実に発生した事実である。もちろん現在でもその捕獲技術や方法は全く分かっていない。ボーイング787の過電流事故も不明なままである。

ロッキード・マーティン社のスカンクワークスの技術者たち、ボーイング787設計に携わる技術者たちの頭脳レベルは、ネット上でケッシュ財団技術を批判、否定する人たちの頭脳を遥かに凌駕している技術集団である。そんな頭脳を持つ彼らがいくら原因を追及しても理解できない事態や事象が現実に発生しているのだ。ケッシュ財団は公式の発表としてRQ170の捕獲技術を2008年にイランに提供したと明言している。

ケッシュ財団が現在における最高の頭脳集団を超越していることは認めなくてはならない。こうしたものに関しては「人智を超えている」として私たちの反応はこれまで拝む、罵る、恐れる存在や対象であり、神社などに祀られてきた。私の場合はΩ様に尋ねてきたが、それは「夢研究者と神」「洗脳」「陰謀」という本となり明窓出版から発行された。その2冊目の「洗脳」という本の中で、奇しくもRQ170捕獲事件とボーイング787に関してΩ様に尋ね、その回答を貰い纏めている。「人智を超えたもの」への対応策が私の場合「神頼み」という訳だ。

ケッシュ財団の技術に関しても軍事核研究家レベルの私には理解できないものであり、これの理解を深めるにはΩ様に頼らざるを得なかった。不思議な夢を見てから20年、この間私は疑問を感じた時、いつも、

「Ω様、地球人口一〇〇億人となっても大丈夫でしょうか」

などと会話的に質問してきた。Ω様と問いかけているのだが、Ω様とは私が勝手に呼称した名称で、実際は「神様」と語りかけている。この問いかけ方法は、教会、お寺、神社に行ったり、なにか特別な水晶球とか祭壇のようなものを使ってしているわけでなく、ただ心の中で「Ω様」と問いかけるだけで会話は進行してきた。

「地球は一〇〇億人など問題なく生活できる」

と私の心の中で生まれた思考、この思考が、その発信主つまりΩ様からの回答内容としている。特に声が聞こえるわけでもなく、ただ私の心に閃くだけのことではある。「なんだ、つまらん」とお思いになるだろうが、ここは真実を述べているのでご容赦願いたい。

あえて自己弁護するなら、閃きがくる時、全くこない時がある。閃きには私の雑念からの思考とは全く違うフィーリングを伴う。私にはΩ様からの回答だと確信できる特徴があるのだが、ここは説明しにくいところである。Ω様の回答を感じない、つまり、ただの私自身の雑念、思考からは、一字も文章を入力できない、というより入力への気力を伴わないというのが事実だ。

Ω様から先のような回答があると、私は「地球人口が一〇〇億人ともなりますと食料が心配です、今でも毎日餓死者がアフリカなどで発生しています……」と質問を投げかけていく。このような問いかけでΩ様の回答を貰うことが二十二年間続いてきた。

こうしたΩ様との問答の流れを会話的に記載し、その内容をご紹介していこう。念のため私の言葉や質問の内容を普通文字、Ω様の回答や会話は太字を使い分かりやすく表現した。

Ω様に聞くケッシュ財団の真実

Ω様、今回ケッシュ財団に関してお聞きしたいことができました。その団体は宇宙にはブラックホールはなく、ビッグバンもなかったと述べています。この宇宙はいったいどのように作られたのでしょうか。

お前はどのように思っているのかな。

１３７億年ほど前に無の状態から特異点が生まれ、突然ビッグバンや膨張が発生し、光、時間、素粒子が生まれ、やがて原子、分子となり重力が生まれ、現在の宇宙が形成されたとなっています。

ほぅ、「無」とはなんじゃな。

無の状態とはプラスとマイナスが打ち消し合っている世界であり、時間も空間も存在しない状態ということです。

では、特異点とはなんじゃな。

特異点とは密度・重力が無限大、大きさが無限小。いわゆる一般相対論が破綻した空想の場所と言ます。

ビッグバンとはなにかな。

大爆発で宇宙の膨張が始まった時点ですね。それは、とてつもない大量のエネルギーによって加熱され、超高温・超高密度の火の玉となりました。ビッグバンの始まりです。その中で、光(光子)を含む大量の素粒子が生まれます。素粒子には二つの種類がありました。

一つが「粒子」で、もう一つが粒子と反応すると光を出して消滅してしまう「反粒子」です。何らかの理由で、反粒子の方が粒子よりも10億個に1個ほど少なかったために、宇宙のごく初期に反粒子は全て消滅し、わずかに残った粒子が、現在の宇宙の物質の基となったのです。

破綻した空想の理論がベースで現在のインフレーション理論などができたというわけじゃやな。

その他にどのような説があるのかな。

定常宇宙論、プラズマ宇宙論などで、内容では宇宙は膨張しているが、膨張して薄まった密度を補うように物質が供給され、宇宙全体としては永遠不変である。ということは宇宙の大規模構造となる巨大なガスのかたまりだ、といったものです。

人間はどれくらい宇宙を解明したと考えているのかな。

4%理解していると言われています。宇宙にある96%もの物質は見えない物質でできているそうで、暗黒物質23%、暗黒エネルギー73%だそうです。銀河の回転が内側と外側が同じ速度ということで考え出された質量やエネルギーです。基本的には赤方偏移が観測されております。この赤方偏移とは遠離する音源からの音がドップラー効果により低くなるのと同様、遠ざかる光源から発せられた光には赤方偏移が観測されます。地球に対して遠離するような運動をしている恒星のスペクトルを測定すると、地球から見た視線方向の後退速度に対応する赤方偏移が観測され、それは遠くの銀河ほど速く遠ざかっているという結論を生んでいます。このことからビッグバン、インフレーション理論が現時点では優位な解釈と言えますね。

そのビッグバン理論では、最初に作られた物質は何かな。

クォークとレプトンです。クォークは陽子や中性子、中間子などを構成する素粒子で、軽いものから順に「アップ」「ダウン」「ストレンジ」「チャーム」「ボトム」「トップ」の6種類が現在見つかっています。またそれぞれが自身と同じ質量を持ち、反対の性質を持つ反粒子「反クォーク」を持っています。レプトンはクォークよりも軽い素粒子で、クォークとは異なり「強い相互作用」の影響を受けません。1個で独立して存在でき、電子や陽電子、ニュートリノがそうですね。

なるほど、原子などができ、質量となり、同時に重力が生まれたということじゃな。

宇宙誕生から約3分後、ハドロンのうち陽子と中性子が結合し最初の原子核が作られ始めました。およそ三十八万年後、宇宙の温度は三千度まで低下し原子核は電子を捕獲して原子となりました。それまで光と衝突してその進路を妨げていた電子が原子に取り込まれたことで、光は物質に干渉されることなく直進することができるようになりました。これを「宇宙の晴れ上がり」と呼びますが、すでに光は存在しています。重力につきましては全く理解できていません。ハドロンのうち陽子と中性子が結合し最初の原子核が作られたと予想されているので、たぶんこの時点で重力は存在していたのでしょう。また、3分後ということから時間も存在していたことになり、どのような理論でもここは「神の一撃」としか表現できないのです。Ω様、宇宙はどのような始まりだったのでしょうか。

太極図がヒントじゃ。

白黒の勾玉を組み合わせたようなサーファーお気に入りマークのあれですか。

そうじゃ、物質と反物質が合わさったらどうなるのかな。

消滅です。これを対消滅と呼んでいます。

お前たちには見えなくなるので消滅というのじゃな。それもよかろう。その消滅したものがもともとの宇宙じゃ。お前はクォークと同じ質量を持ち、反対の性質を持つ反粒子、「反クォーク」だと説明したのではないかな。それから言えば対消滅クォークとすればよいかな。対消滅したエネルギーということじゃが対消滅を「真空」と置き換え、これを「真空エネルギー」と呼ぶことにしよう。

はい、もともとの宇宙は「真空エネルギー」だけの世界ということですね。

そうじゃな。

では「根源意識」とは「真空エネルギー」のことなのでしょうか。

おやおや、それは間違っておる。では宇宙創生の話をしよう。

おおおっ、やっと宇宙創生ですか。お願いします。

お前が理解しやすいように根源意識を「神」ということで話してみよう。全ては「今」しか存在しないのじゃが、話の上で時系列が生じていくのでそこは理解して聞くように。

はい。了解です。

最初に「神」は在った。
「神」は愛という純粋エネルギーである。
「神」は自分と対極エネルギーとは何かを考えた。
対極エネルギーを知ることは己を知ることにもなるからだ。次に神は「対極するものの在れ」と宣言した。そして、神と対極するエネルギーが出現、この「場」がお前たちの言う「原始宇宙」の姿じゃ。

おおおっ、それが「原始の宇宙」ということですか。それが太極図ということですね。愛というエネルギーと対極エネルギーとが一つに融合している状態の宇宙ですね。完全調和の太極場とでも言いましょうか、完全調和の真空場、それが原始宇宙……。

次に「創造在れ」と神は宣言した。この宣言によりお前が言う完全調和の真空場にゆらぎが生じ、そのゆらぎが「真空場」の回転を生んだのじゃ。

ゆらぎを完全調和に戻そうとするエネルギーが発生するっていうことですか、それって「蛍」の光が生まれるエネルギーと同じだということですか。

そうじゃ、その瞬間、光が誕生したのじゃ。光は愛エネルギーと相乗し、回転する渦はレプトンなどを生み出し、対極エネルギーと相乗し、クォーク、時間子を生み出した。ここにお前たちの宇宙は誕生した。

生まれ出た光は太陽の光とは全く別の光ですよね。ルミネセンス光が最初に誕生したとは驚きです。なるほど、なんとなく理解できました。でも最初に出現された「対極エネルギー」とは私たちの言う何なんでしょう。

お前たちはそれを「重力」と呼んでおる。

ええっ、では原始宇宙、最初に存在したのが「重力」ってことですね。「重力」が存在して、その後、素粒子や物質が作られたということですか。

そうじゃ、物質の質量が大きくなればなるほど「重力」も増す、それは自然であろう。

では、根源意識エネルギーの対極エネルギーが「重力」、ということは、物質、つまり人間の「煩悩」は「重力」の作用だということですね。それと対極エネルギーが「重力」ですと、私たちの宇宙は有限なのですか。それが宇宙なら、その宇宙は一つだけではないですよね。

お前たちの言う宇宙は根源意識を漂う「しゃぼん玉」のようなものじゃ。無数の「しゃぼん玉」が根源意識という空に漂っている。「しゃぼん玉」とは銀河という子を宿す胎盤であり、生命創造の母親でもあるのじゃ。

ちょっと待ってください。対極エネルギーが重力なら、根源意識の愛というエネルギーって「反重力」ってことになりますよね。

だからお前たちの宇宙は無重力なのだよ。つまり無重力とは創造場ということじゃ。

ではビッグバンは無かったのですか？

そうじゃ。

ではダークマターやダークエネルギーっていうのはどうなのですか。

根源意識と重力が混合した「場」がダークマターと言う、また根源意識場をダークエネルギーと表現しているのじゃろう。

再確認ですが「しゃぼん玉」の無重力場は回転しているのですよね。

そうじゃ、それがお前たちの宇宙じゃ。

しゃぼん玉の中の宇宙空間が回転していると、胎児である銀河も回転しますよね。そうしますと、ブラックホールは存在しないと考えてよいのでしょうか。

無論、ブラックホールなど存在しない。

なるほど、では、しゃぼん玉としゃぼん玉の間は根源意識というエネルギー場ということになりますが、地球から遠くの銀河ほど速く遠ざかっているように観測できるのは、この「場」が影響しているからですか。

そうじゃ、しゃぼん玉の宇宙は無重力、しゃぼん玉が浮かんでいる根源意識場は反重力であり、その何重にも相違する「場」から飛来する光を観測すれば当然赤方偏位は大きくなっていくのじゃ。

はい、だいたい理解できました。ケッシュ財団ですが飛来するミサイルを、発射した場所に戻すことができると聞きました。たとえば北朝鮮が核ミサイルを日本の東京に向かって撃ち込んだとしても、そのミサイルを日本は空中でUターンさせ発射した北朝鮮の基地に戻すという技術ということです。この技術が現実に開発されたのなら、北朝鮮もミサイル発射など絶対に不可能ですよ。自分の撃った核ミサイルで自分が攻撃されるという、まるで笑い話になってしまいます。

では聞くが集積回路（IC）はどうやって発明されたのかな。

集積回路（IC）とは、特定の複雑な機能を果たすために、多数の素子を一つに纏めた電子部品で、主に半導体で構成された電子回路が複数の端子を持つ小型パッケージに封入されているものです。真空管の役割は電子を電界や磁界により制御することで整流、発振、変調、検波、増幅機能を持つことですが、その後、無数の鉱石の中で半導体の性質を持つゲルマニウムの発見からトランジスタが発明され、増幅や整流に使用していた真空管を小さなトランジスタに替えて手のひらに載るトランジスタラジオが生まれました。その後純粋な半導体シリコンに少し不純物を混ぜれば整流や増幅などと、半導体電子の流れを利用できることが分かり、半導体に焼き付ける回路自体に整流、発振、変調、検波、増幅機能を持たせることを発見したのです。これがICでありLSIとなって現在、電卓や家庭用品、炊飯器にまでマイコンが利用されています。

それは何によってできているのかな。

それは最もありふれた鉱石シリコンですね。そのシリコンにいろいろな不純物を加えるだけで整流器、発振器、変調器、検波器、増幅器、抵抗、コンデンサーなど多機能を持つことが発見されたのです。その不純物とはリン、ボロン、イオン等ですが、シリコンとは電子配列が相違する元素であり、不純物と言うよりは添加物質と言えると思います。シリコンに添加物質を加えただけで、増幅、整流、抵抗、ON－OFFなど何でもできるのが集積回路ですが、LED電球と同じでシンプルなためLSIは丈夫で長持ちするそうですね。

危うさは感じなかったのかな。

ええ、少し感じました。あまりにシリコンウェハーが薄いことです。電子顕微鏡で認知できるほどの極薄ですし、膜として付着させる不純物も同じようなものです。原子レベルに近いので、たとえば電子の動きを操作できる電磁波とか強烈な磁気波で攻撃されると一時的にLSIの機能はマヒするでしょうね。

それはどれほどの技術かな。

はい、今はまだ人類は持っていませんが、海底1000メートルの潜水艦と自由に交信できたりします。ただし強烈な電磁波を照射できる設備が必要でしょうね。

おやおや、お前は知っているよ。

あっ、そうだ、アメリカの空軍、海軍、国防高等研究計画局がアラスカなどで共同開発している電磁波、電波を使った戦略装置の一つの使用方法でした。日本のソニーの特許ですが2004年ですよね。京都大学だけでなく、この装置は日本でも研究されていますし世界各国で同じような施設がありますが、出力的にはやはりアラスカの装置が一番でしょうね。強烈な電磁波で半導体と添加物質との電子交換をストップして機能を停止できても、所詮は一時的なものです。それよりも電子レンジではありませんが敵のミサイルや軍艦などを内部破壊させた方が軍事的には優位です。そんなのメリットあるのですかね。

破壊させれば痕跡は残るが、一時的に管理コンピューターを停止させた場合、痕跡は残らないのじゃ。一番有効なのは電気系統管理コンピューターの機能停止じゃ。

そうですね、電気は即影響を受けますね。制御機能が停止して過電流など起こすと怖いですね。

今、ＬＳＩが集中しているものはなんじゃ。

それは最新鋭ステルス戦闘機や旅客機ですよ。ジェットエンジンから強大な発電が行われていますし、その電気を制御するコンピューターが一瞬でも制御できない状態になると電気系統への影響は甚大ですよ。

うむ、そうじゃな。

はい。

そんな事例はなかったのかな。

そうですね……。そうだ！　最新旅客機ボーイング７８７でのバッテリー事故がありました。

原因はなんじゃな。

過電流らしいです。その原因は掴めていません。えーっ、ちょっと待ってください。ボーイングという優秀な頭脳が揃った巨大企業が「バッテリー損傷原因が全く掴めない」というのが私にはとても不思議に感じられていたのですが、ボーイング787が一時的に強烈な電磁波に晒され、電気制御コンピューターが一時的に機能停止し、その瞬間過電流が発生してバッテリーに集中してしまった……。電磁波域から抜け出したとたんLSIは正常に戻り、電気制御システムは正常に戻ったとしますと、いくら原因を調べても不明のままになるでしょうね。でも、どうして日本の航空機が狙われるのでしょう。

実験というものは検証と確認が必要なのじゃ。検証に一番適した国はどこじゃな。

そうですね。日本は調査団や技術者を簡単に受け入れますし、損傷情報、つまり実験検証が一番安直にできる協力的な国家システムというわけですね。それにバッテリー事故当時、世界で一番多くボーイング787を運行させていますし、機材も集中していますからね。今後、こういった研究が進みますと、電磁波による見えない空中戦が世界中で繰り広げられるかもしれませんね。

おやおや、もうそれは現実に軍事利用されているよ。それがケッシュ財団が

２００８年にイランに技術供与し、アメリカ無人偵察機を無傷で捕獲した技術じゃよ。イラン上空を偵察していた米軍の無人偵察機ＲＱ１７０をイラン軍が無傷のまま捕獲できたのじゃ。

はい、ニュースで見てびっくりしたことがあります。

よく調べてごらん。

はい、調べてみました。２０１１年の事件でした。もう3年前のことですね。捕獲されたアメリカ偵察機はステルス爆撃機Ｂ２とそっくりで、翼だけの機体形状を持つ最新無人偵察機でした。この機体もＬＳＩの固まりですよね。イラン軍は無人偵察機の無線受信機能を電磁波で攻撃して機能を一時停止させた。そこでＲＱ１７０に内蔵されている非常用帰還システムが自動的に作動したらしいです。ところが電磁波攻撃と同時に宇宙のアメリカＧＰＳ衛星に対し、帰還への入力座標を狂わせる攻撃も行ったのです。ＲＱ１７０は指示座標へ飛行し自動着陸、そこは当然、イラン国内の軍事基地でした。イラン軍はアメリカの最新式無人偵察機を無傷のまま易々と獲得したのです。宇宙探査衛星や宇宙ステーションで使用されているコンピューターのＬＳＩは太陽風や宇宙放射線にも耐えられることは実証されているのですが、全く新しい技術、電磁波放射システム技術が各国で進歩していくと、ＬＳＩを使用したコンピューターの信頼性そのものが揺らいできますし、一番の弱点となっていくのかもしれません。

イランは遠隔操作でＲＱ１７０内にあるＬＳＩを機能停止させる技術と、自動帰還システム、自爆システムを無効にしたのじゃ。そして強い誘導電波でＲＱ１７０に指定された帰還座標を乗っ取ったのじゃ。

では北朝鮮のミサイルを日本海で北朝鮮にＵターンさせる技術はどのようなものですか。

それも同じじゃ。誘導には座標の入力が必要なのじゃ。

北朝鮮って独自のＧＰＳは保有していないと思いますが。

それでは２０１２年４月28日の出来事はどうなるのかな。その時のニュースを調べてごらん。

ありました。大韓航空の子会社に当たる格安航空会社のジンエアー機が新千歳空港から仁川空港に向かっていたが、着陸に向けて高度を落としていたところ、対地接近警報装置が誤作動した事件ですね。この装置は地面や山と衝突するのを防ぐために、不用意に地面に近づくと警告音が鳴るもので、GPSを活用しているのですが、機長は誤作動に驚き、機首をいったん上げて上空を旋回し着陸をやり直しました。乗員乗客にけがはなかったのですが、朝鮮日報は「一歩間違えれば大事故につながりかねない危険な状況だった」と指摘しています。

この事件をもう少し補足しますと、この当日は有視界飛行が可能な天候のため大事には至りませんでした。しかし雲中計器飛行でアラームが鳴ったらパニックになるかもしれません。この逆のパターン、つまり、実際は山岳地帯の上空を飛んでいるのにGPSは平地や海面を示していた場合、山岳に突っ込み大惨事になりますので、GPS計測位置をずらす技術はとても危険なのです。反面、飛来するミサイルの受信するGPS座標をずらしたり、インプットされている目標座標を操作することによってミサイルの着弾地点を変更できるのです。このケッシュ技術を北朝鮮は韓国の航空機に対してテストしたのです。実践使用の場合は当然、悪天候の雲中飛行をしている航空機をターゲットにするでしょうね。当日に同様のケースが他にも3件起こっていました。また付近を飛行中の無人偵察ヘリが墜落したりしたのですが、韓国側ではこの事件は北朝鮮のＧＰＳ攻撃で引き起こされたというのが結論となっています。

北朝鮮の装置はどれほどの大きさかな。

トラックに載せて運べるタイプの妨害電波発信機をロシアから購入しており、半径50～100キロメートルの範囲に亘ってＧＰＳに障害を与えることができるものでした。

では北朝鮮の核ミサイルはどこのＧＰＳを利用しているのでしょうか。

ロシアのＧＰＳじゃ。北朝鮮の装置はトラックに乗る程度じゃな。ではケッシュ財団のものはどの程度の大きさなのかな。

それはたぶんスペースリアクターという装置でしょうが、スペースリアクターならその大きさは家庭用大型電子レンジ程度のものです。

ケッシュ財団がイランに技術供与したのはいつのことかな。

２００８年です。

それほど小さい装置なら簡単に貨物船などに搭載できる。日本やアメリカ周辺を運行予定の貨物船を選べば簡単なことだ。いいかな、新装置を持った者は必ず試したくなる、それが人間じゃ。北朝鮮、ロシアがケッシュ技術を学び始めたのはいつ頃かな。

たぶん２０１１年頃だと思いますよ。

世界で航行する貨物船、たとえば日本で言えば最大の海運会社は日本郵船という会社だが、貨物船の国籍は第三国であり乗組員にも日本人はほとんどいないのじゃ。

そうですよね、国籍が第三国登録の貨物船は全世界で航行していますから、東京湾にもアメリカ全海域にもウヨウヨいるでしょうね。

さすがに北朝鮮船籍、ロシア船籍の貨物船では監視が強くなる。一番簡単なのが乗組員がフィリピン、マレーシア、インドネシアの船長、航海士、機関士、通信士たちが運行する西側諸国船籍の貨物船に搭載すれば怪しまれないのぅ。

ではボーイング787を使った実験は成功したということですね。ボーイング787の場合は、ただ単に機体内LSIを一時機能停止しただけということですよね。それだけで簡単に電気制御が一時停止し強大な発電電力が瞬間的に流れ、バッテリー過電流損傷を与えたということですか。なるほどです。中国などは必死でケッシュ技術を盗もうと全世界に技術者たちを送り込んでいるでしょうね。ではボーイング787バッテリー損傷実験は、いったいどの国が行ったのですか。

ケッシュ技術はイランからシリアに提供されたのじゃが、そのシリアからロシア、北朝鮮に流出しておる。しかしロシア、北朝鮮はイスラム圏ではないので流出したものは初歩的なものじゃ。高度な技術はやはりイスラム圏に流れておる。ボーイング787バッテリー損傷実験はインドネシア船籍を利用しイランが行っておる。北朝鮮は韓国旅客機GPS妨害程度の低レベルなものだがシリアに軍港を持ち艦隊を配置しているロシアにはもう少し高度な技術が流出しておる。

ではなぜインドネシア船籍の貨物船が利用されたのですか。

インドネシアはスンニ派がほとんどで信頼できる国の一つということであり、厳密に言えば彼らには国境という意識はなく、同じイスラム教スンニ派は同族、家族と同じなのじゃ。

では西側諸国の一員でもあり、スンニ派が国政を司る国が一番利用しやすいということですね。

利用しやすいということではなく、同じ仲間、同じ家族なのだから技術レベルはシリアと同じレベルのものが容易に伝えられると考えることじゃ。

ではスンニ派を国教とするマレーシアなども同じですよね。

そうじゃな、さて、その他に財団はどのような技術を持っているのかな。

はい、まだまだありますよ。まずは福島原発での汚染水などをプラズマ理論で綺麗にする技術もそうです。その方法はすでに日本政府に無償で提供したそうです。ところが日本政府は全く反応を見せないらしいですね。それと必要物質、たとえば食料や水、金属、建設機材材料などをスペースリアクターテクノロジーを使って宇宙空間から創り出す技術ですね。

放射線汚染物質を除去する技術を無償提供するとは感心なことじゃな。

そうなんです。ところが日本政府は無視しているそうです。

どのような方法かな。

はい、そこら中に転がっている錆びたような金属片とプラズマ・テクノロジーで汚染水や土壌から放射性物質を取り除く画期的技術ですよ。

ほほぅ、なるほど、それで宇宙空間から物質を創造する方法とは、どのようなものかな。

ケッシュ財団の公表資料によると、全てをプラズマ・リアクターで原子核と電子がバラバラな状態のプラズマ化にして原子を再構築、つまり希望する元素へ原子核と電子をコントロールして創り出すというような技術だろうと私は理解しています。

日本政府の対応だが、まず放射線汚染物質については永久に無視するじゃろうな。

ええっ、なぜです？　画期的技術ですよ。しかも費用はほとんどかかりません。それにより膨大な汚染水タンクも必要なくなりますし、除染作業で集めた土やがれきの山も無くなるのです。そのような画期的技術をどうして無視するのでしょうか。

たとえばじゃ、お前が部屋のホコリを除くために掃除をするとしようか。１００平方メートルの部屋に１００個のホコリがあった場合、お前はどのようにそのホコリを取り除くかな。

そりゃ掃除機を使ってあっという間に綺麗にできますよ。

あっという間に綺麗になったのはお前の部屋じゃが、その１００個のホコリはどこに消えたのかな。

それは掃除機の中です。

そうじゃな、100個のホコリはお前の掃除機のポケットに集まっておる。それは高濃度放射線汚染物質と呼ばれているものじゃな。日本政府や東電はその方向でなく100個のホコリを1000平方メートルの部屋に拡散させて目立たなくする方法、つまり低濃度放射線物質にして取り扱いや保管を簡単にしようとする方向で動いているのじゃ。100個のホコリの個数的には何ら変化はない。ただ高濃度、高密度に集合したか拡散して目立たなくするかの相違のみじゃ。ケッシュ財団は高濃度が効率よいと判断している。ところが日本政府は拡散して低濃度化する方が効率よいと考えておる。ただそれだけの相違なのじゃ。次に宇宙空間から物質化する技術じゃがバラバラに分離した原子核と電子を組み立て直していろいろな元素にするというケッシュ財団のアイディアは無理なのじゃ。マグネティックテクノロジーを使用しプラス電荷とマイナス電荷の集合密度をコントロールしたとしても、原子核内の中性子数というものを変化させない限り物質化はできないのじゃ。原子核内の中性子数に影響を与えるエネルギーとは、お前に説明したように素粒子理論から、意識子のみじゃ。つまりお前たちの気持ち、意識がそこに作用する。たとえば病気も同じで、意識で病気やガンを解消した人、意識で病気を創り出す人が存在するのと同じなのじゃ。これを量子学者は観測者の観測意識と呼んでおる。電子、光子という量子レベルからはお前たちの意識に作用されていく。これが私の創った宇宙法則なのだ。意識とはお前たちの脳が創り出す思考ではない、魂の意識じゃ。お前たちの魂は根源意識、つまり私と繋がっておることを忘れてはならない。

なるほど、よく分かりました。

その財団は「死」に関して何か述べているかのぅ。

ケッシュ財団のプラズマ・リアクターと「死」とはどのように関係するのでしょうか。

おやおや、まだ見えないのかな。では聞くが「生」とは何かな。「死」とは何じゃな。

「死」とは心臓停止または脳死すると「死」とされています。ですから「生」とは脳が死んでいなくて、心臓が動いていることが「生」となりますよね。

ではお前たちの肉体は何からできているのかな。当然それは分子から構成された細

胞の集合体である。その細胞が消滅し、原子に戻ったとしよう。そのようなものが、どのように変化しようと意識子には全く影響を与えないのじゃ。「細胞、分子、原子、原子核、陽子、中性子、電子、クォーク、ヒッグス粒子、光子、時間子、意識子、重力子、根源意識」をもう一度よーく見てごらん。

ですか。

なるほど死後、野ざらしにしていれば細胞は分子、原子になってもともとの原子に戻っていきます。では具体的にお伺いします。私が死にますと私はいつその肉体から離れるの

ですか。

別に肉体死の時だけではない。ほとんどの人は毎晩の睡眠時、いわゆるノンレム睡眠時に肉体から離れておる。睡眠とは死の予行演習と言えるかのぅ。

では毎晩の睡眠時、つまりノンレム睡眠時にも予行演習ができていない人の場合ですが、死んだらどうなるのですか。

死の予行演習が全くできていないと「死」を理解できない。また理解しようともしない。そこで原子となっても強い執着力、粘着力というものが働き、消え去った肉体

の形を保とうとすることが多いのじゃ。

では「死」を受け入れた人の場合はどのようになっていくのでしょうか。

福島の原発事故で半減期という言葉はよく聞いたであろう。つまり原子崩壊、原子変化に要する時間を言うのだが、死後、原子に付着した思考エネルギーも徐々に原子崩壊に伴い、電子や中性子に変化していく。やがて純粋な意識子（魂）だけのお前となっていくのじゃ。

「細胞、分子、原子、原子核、陽子、中性子、電子、クォーク、ヒッグス粒子、光子、時間子、意識子、重力子」から考えますと純粋な意識子になりますと時間子、光子の影響を受けないということですね。

そうじゃ、時間という概念が消え去る世界じゃ、また光子の影響が無くなるということは距離の束縛も無くなる。宇宙のどの場所にも意識すれば、その瞬間に到達できるのじゃ。

それって超光速ということですよね。

そうじゃ、時間を超越するということは過去、未来にも自在ということじゃな。

それでも重力子には支配されているのですよね。

重力子が存在するから宇宙も存在する、だからその支配からはお前たちは抜けることはできない。

また重力子は「お前」という分離された意識を付与しているのじゃぞ。

死に関しては少し理解できましたが、これとケッシュ財団との関係はあるのでしょうか。

無論じゃ、「細胞、分子、原子、原子核、陽子、中性子、電子、クォーク、ヒッグス粒子、光子、時間子、意識子、重力子」は宇宙創生の仕組みを理解するためのものじゃ。いいかな、お前の言う「神の素粒子理論」、これを理解すると「肉体は滅んでも人は死なない」ということが分かるはずじゃ。ケッシュ財団の理論からは当然「死」に関し

ての見解は発表されているはずじゃが。

いいえ、死に関しての見解はないですね。

それではケッシュ理論には一つ欠けているものがあるということじゃ。量子学で一番肝心なエネルギーとは何だったかな。

それは観察者です。つまり観察者の意識というエネルギーが重要な要素となることです。

そうじゃ、ケッシュ理論に足りないものはまさにそこじゃ。ヒッグス粒子、光子、時間子、意識子、重力子の中、時間子と重力子の間にある「意識子」の存在がここでも加味されていないのじゃ。前に対話した真空エネルギー場のことは覚えているかな。

はい、ケッシュ理論でのマグネティックフィールドというのがたぶんそれに該当すると感じています。

すでに真空エネルギーは計算できているだろう。

ケッシュ財団の言うマグネティックフィールドとは「真空エネルギー」のことでしょうね。

お前たちの宇宙物理学者は、サイコロ一つ程度の空間に含まれる真空エネルギーを、お前たちの使う単位で言えば50の１０６乗ジュールだと計算できていることは知っているかな。

はい、ジュールは仕事エネルギー単位ですが、現在、全世界で一年間に生産される電気の総エネルギーは約10の19乗ジュールです。そうしますと、サイコロ一個程度の空間の真空エネルギーは、全世界の年間総発電量の500000000000000000000000000000000000000000000000000000000000000000000000000000000倍となります。50の86乗倍というとてつもないエネルギーが、たったサイコロ一つ程度の空間に含まれることになります。単位として理解できない、無限年数分のエネルギーがあることになります。

真空エネルギーはお前たちには計り知ることができない。その単位の概念さえ理解は難しい。お前たちは、物質である原子による分裂や原子融合でさえ膨大なエネルギーを産み出すことを理解した。小さければ小さいほどエネルギーは大きくなる、とお前に教えたはずだ。

ではケッシュ財団はその真空エネルギー場を利用しようとしているのですか。それが彼らの言うマグネティックフィールドなのですか。それって人間の理解を超えたものですよね。

確かに理論上ではそうだ。しかし私の示した素粒子理論から言うと十全でない理論を唱える財団と言えるのじゃ。

どこが欠陥なのでしょうか。

お前から聞く財団の技術じゃが、その一つがマグネティックフィールド利用といったのじゃな。

はい、それをベースとした技術利用のようです。

それならばケッシュ理論が「意識子」の利用を前提とし原子核内の中性子をコントロールする方法を見つけておるならば、物質創出、フリーエネルギー機器、病気除去などは実現可能となる技術理論じゃよ。だが「意識子」というものがお前たちの科学界では認められることはない。科学とは再現でき、誰もが再現、追認観測が可能であることが大前提なのじゃ。ところが「観測者意識」に左右されてしまう不確実な再現性を持つものは科学ではなく、お前たちは「精神世界」に分類しておる。ＳＴＡＰ細胞発見は正にこの領域での医学的発見なのじゃ。お前たち日本人による偉大な発見を、同じお前たち日本人の手で潰し、海外の成果に追いやることは嘆かわしいことだよ。お前たちが２０２０年に「量子医学」と呼称する大発見なのだから。ケッシュ技術に戻るが、それでもなお、お前たち人間にはできないことがあるのじゃ。

それはいったい何でしょうか。それとＳＴＡＰ細胞発見に関しましてお聞きもしたいのですが、この本題とは少し離れてしまいますので、マレーシア航空３７０便の質問の後にお聞きいたします。

もう一度私の示した素粒子理論を確認することじゃ。それは「細胞、分子、原子、原子核、陽子、中性子、電子、クォーク、ヒッグス粒子、光子、時間子、意識子、重力子」であったな。

いいかな、お前たちには反重力場を作ることは不可能なのじゃ。お前の肉体が「死」を迎えた時にも意識子は全く変化はしない。だから真実のお前に「死」は存在しないことは説明してきた。それも重力子が存在するからじゃ。もし反重力場になったとしよう。そうするとお前の魂までも消え去るということじゃ。もちろんあらゆるホログラム、つまり地球も太陽系も銀河も宇宙も全てが消え去るということなのじゃぞ。だがお前が意識子、お前たちの言う「魂」となっても重力子には絶対に関与できない。重力子には絶対に関与できないが、重力作用を軽減する程度の関与は可能じゃ。たとえば磁石のS極同士を近づけた作用を応用すれば実現できる。もう一度お前に伝えた素粒子配列と作用の仕組みを見直してみることだ。「細胞、分子、原子、原子核、陽子、中性子、電子、クォーク、ヒッグス粒子、光子、時間子、意識子、重力子」これが私の作った宇宙の大法則ということを忘れてはならない。

はい、よく分かりました。もう一つ最近不思議な事故が発生しました。

ほぅ、どのようなものじゃ。

マレーシア航空のボーイング777型旅客機の消息不明という謎の出来事です。

詳しく話してごらん。

2014年3月8日午前0時41分（マレーシア現地時間）12人の乗員を含む239人を乗せてクアラルンプール国際空港を出発した370便は同日午前6時30分に北京首都国際空港に着陸予定だったのです。しかし370便は離陸の約50分後、ベトナム南部の海岸近くの上空を航行中の午前1時30分を最後に、クアラルンプールの西南西約15キロメートルにあるスルタン・アブドゥル・アジズ・シャー空港の管制当局との交信を絶ったのですが、救難信号などは出されていません。トランスポンダーや通信設備が意図的に遮断され行方不明になったのです。

ほほぅ、それで謎というのはなんじゃな。

こんなに監視衛星、レーダー網が発達した現代において、全世界の技術を総動員しても行方が解明できないということです。まるでケッシュ技術を使われたようなもので、謎が謎を呼びまして、中国ステルス機による撃墜説、機長や副操縦士の自殺説、ハイジャック説などありとあらゆる仮説が全世界で飛びかっています。こんなことって実際にあり得ることですか。

そのヒントは小松製作所にある。

えっ、日本の建設機械メーカーの小松製作所が関係していたのですか。

そうではない、小松製作所のブルドーザー管理システムを調べるのじゃ。

調べてみますと、小松製作所が世界に販売した建設機械やブルドーザーの全ての稼働状況が小松本社でリアルタイムで管理できているそうです。小松製作所のホームページにはこのように紹介されていました。

（1）機械稼働管理システム「KOMTRAX」

建設機械に取り付けた機器から、車両の位置や稼働時間、稼働状況などの情報を提供するシステムです。ＫＯＭＴＲＡＸ端末を搭載した建設機械から発信された情報をレンタル、サービス等に活用することにより、お客さまの保有車両の稼働率向上や維持費の低減等、機械のライフサイクルでのサポートに貢献しています。

（２）鉱山機械管理システム「ＫＯＭＴＲＡＸ　Ｐｌｕｓ」

鉱山向け大型機械の管理システムです。遠隔地からでも衛星通信経由で、ほぼリアルタイムに車両の「健康状態」「稼働状態」を把握します。インターネットによる現場への配信により最適なサポートを可能にすることで、修理コストの低減や稼働率の向上を実現します。

このシステムのことでしょうか。

そうじゃ、もう少し調べるのじゃ。

無人ダンプトラック運行システムＡＨＳ（Ａｕｔｏｎｏｍｏｕｓ　Ｈａｕｌａｇｅ　Ｓｙｓｔｅｍ）というのもありました。このように説明されていました。

ＡＨＳとは、超大型ダンプトラック930Ｅベースとした無人ダンプトラック運行システムです。鉱山オペレーションの安全性、経済性、生産性、環境性の向上に大きく寄与する、他社の追随を許さないコマツ独自技術による世界初のシステムです。

高精度ＧＰＳや障害物検知センサー、各種コントローラ、モジュラーマイニングシステムズ社の無線ネットワークシステム等を搭載したダンプトラックを中央管制室で操作・管理し、完全無人稼働を実現させます。

目標となる走行コースと速度情報は、中央管制室から無線でダンプトラックに自動配信され、ダンプトラックはＧＰＳ、及び推測航法で自身の位置を把握しながら、目標コースを目標速度で走行します。

有人車両の油圧ショベルやホイールローダー等の積み込み機にもＧＰＳが装着されており、鉱石の積み込み場ではバケットの位置を計算し、ダンプトラックを適正な積み込み位置へ自動誘導します。また、排土場までの走行コースも中央管制室から配信され、所定の場所で安全かつ正確に荷降ろしすることを可能にします。

これらの無人ダンプトラック及び稼働エリア内にいる有人車両（サービス車両、ブルドーザー、モーターグレーダー等）は、フリート管制システムによってリアルタイムで群管理され、安全で効率的な協調稼働が実現されます。万が一、ダンプトラックの走行中に他の車両等が走行エリアに近づいた場合、障害物センサーが検知し、緊急停止することで安全性を確保しています。

なるほどすごい技術ですね。

いいかな、全世界に販売したブルドーザーなどの建設機械でさえ、遠く離れた小松本社内で稼働位置、稼働状況、エンジン診断、監視を行っているのじゃぞ。もちろんボーイング777のエンジンも同じである。飛行位置もエンジンが稼働か不稼働かさえ、全てをリアルタイムで制作社であるイギリスのロールスロイス社で監視しているのじゃ。小松本社から中国内陸部にある個々の自社機械を自由にコントロールするという技術も同じなのだ。このシステムは9・11事件以来、ボーイング社の機体には全て装備されておる。説明したように小松製作所の建設機械ですら、徹底した管理、制御がなされておる。もっと高価で、安全性を求められる航空機では、より高度な監視システムが導入されておるのじゃ。

つまりボーイング社ではマレーシア航空370便を操縦士の意志とは関係なく、全ての操縦操作を地上からコントロールできる。またイギリスのロールスロイス社ではマレーシア370便の飛行位置もエンジン稼働状況も、管制当局などとは関係なく全てリアルタイムで把握していたってことですよね。

そうじゃ。

なるほどマレーシア航空370便の位置も、エンジンが停止した上空も全てイギリスのロールスロイス社が把握していたのですか。でもイギリスの情報提供は遅くて、各国の探査活動は当初全く別の海域でした。ということは西側諸国、特にアメリカとイギリスでは故意に発表を遅らせたってことになります。マレーシア政府と溝か、何かが少しあるのでしょうね。

CIAとケッシュ財団技術がここに関係しているのじゃ。

ええっ、ここでケッシュ財団の技術、またアメリカのCIAが関係するのですか。

それだけではない、マレーシア政府も中国共産党も大きく関与しているのだよ。

アメリカ政府、英国諜報機関、マレーシア政府、中国、ケッシュ財団技術が複合的に絡まっているのですか。

少し推理してごらん。

はい、チャレンジしてみます。マレーシア政府はイスラム教スンニ派を国教とする政府であり、イラン、シリアとは強い結びつきがある。このマレーシアにケッシュ財団の技術が提供されたことは容易に推測できます。この技術を狙って中国のスパイがマレーシアで活動していたということも可能性がありますよね。それをＣＩＡが調査、追跡していたとなりますと、ケッシュ財団、中国政府、アメリカ政府が絡んでいることになります。この推理が正しいとしますと、マレーシア政府は３７０便消息不明の出来事には西側諸国からの強い圧力を感じていることでしょうね。また、あの３７０便に中国のスパイがマレーシアで獲得したケッシュ技術を中国に持ち帰ろうとしていたと推理しますと何か見えてくるように感じます。

なかなか良い推理じゃ。中国軍幹部たちはケッシュ技術を授かったマレーシア技術者たちを中国に連れていこうとしていた。それを全国人民代表大会に集まった共産党指導者たちへの手土産にする予定だったのじゃ。

今回のマレーシア航空370便には、アメリカの半導体製造企業である技術社員でマレーシア人12人、中国人8人が搭乗していたようです。つまり対電子戦技術に応用できるような高度な電子技術者が20名も搭乗していたと言うのですが、たぶんこの20名のことでしょうね。

彼らは表向きはアメリカ、テキサス州オースチンにある米半導体会社、フリースケール・セミコンダクタ社員じゃが中国共産党が放った技術スパイたちとマレーシア政府が派遣した技術スパイたちである。彼らはレーダーシステムに使う新型の電子戦用装置の機密を中国に持ち込もうとした。これを利用してマレーシア工場の中国スパイたちの一掃、KL03マイクロチップの特許権の独占を同時に獲得できる絶好のチャンスをCIAは待っていた。CIAによりマレーシア政府に反感を抱いていたザハリ・アフマド・シャー機長が選ばれ、事前接触していた理由じゃ。

ではザハリ・アフマド・シャー機長が関与していたのですか。この計画の最終決定はいつなされたのでしょうか。

彼はCIAに利用されたのじゃ。CIAは機長に、ミサイル防衛やステルス機も無力化できるケッシュ技術を持ったスパイたちを、アメリカ軍事基地に着陸させ、そこで逮捕するという計画を持ちかけたのじゃ。その見返りとして操縦クルーたちには各自に日本円にして億単位の金、米国内での永住権と安全を約束していたのじゃ。西側諸国にとっては、中国が高度な対電子戦技術を獲得することは致命的なことで、なんとしてでも阻止する必要があった。最終的には当日の乗客搭乗を確認したCIAが機長に連絡して計画が実行されたのじゃ。この370便の搭乗者のほとんどがIC専門技術者でマレーシア工場に勤務する中国人とマレーシア人である。

CIAとザハリ・アフマド・シャー機長との連絡方法はどのようだったのですか。

CIAが準備した携帯電話機を機長に渡し、連絡用としていたが、もちろん偽名を使って連絡を取り合っていたのじゃ。

クアラルンプールを離陸した370便ですが、機内にいた乗客の誰一人として地上の家族などに交信していません、中国やマレーシアの対電子戦技術の専門家たちは少しでも不審なことがあれば、あらゆる手段で地上組織に連絡するはずです。また彼らの護衛役であった中国軍幹部も同じです。当然、彼らも十分に警戒していたでしょうし中国政府も同じです。航行する機内から何かのメッセージを送信することくらい簡単でしょう。それなのに軍人を含め特殊技術者たち全員が沈黙したまま7時間も客席で過ごしていたとは、ちょっと考えにくいのです。もちろんこれは他の乗客も乗員にも当てはまる同じ疑問点なのですが……。

おやおや、お前は知っているよ。「洗脳」という本の中でその方法を書いているではないかな。

えっ、私の本の中での技術ですか。それって山陰の隠岐島から岡山空港に飛行した時に積乱雲に入った出来事のことでしょうか。

そうじゃ、その時の乗客はどのような状態だったのかな。

はい、高度約六千メートルまで上昇した時に後ろを見ますと乗客全員昏睡状態にありましたが、それのことですよね。

なぜ、乗客全員が昏睡状態になっていたのかな。

そりゃ低圧力によって目玉がふくらむような感じで目を開けていられない状態となりますし、加えて低酸素症に近い状態で深い眠りに入ってしまうのです。

わずか高度六千メートル程度でそのような昏睡状態になるのじゃな。では高度八千メートルではどのようになるかな。

それはもう深い深い昏睡状態でしょうね。気絶や全身麻酔と同じ程度になりますよ。

CIAはザハリ・アフマド・シャー機長や副操縦士たちに、客室内の乗員、乗客全員を深い昏睡状態のままにして、インド洋に浮かぶイギリス領ディエゴガルシア島に向かい、島内のアメリカ軍基地に着陸するように指示していたのじゃ。客室内全員の昏睡状態維持には、航空機の高度をいったん一万二千メートル以上に上昇させる必要があった。

なるほど、キャビン与圧装置を自動からマニュアルにすれば可能ですね。そうすれば客室内の酸素マスクの自動落下システムも働きませんし、乗客全員が自然な眠りに陥ったことでしょうね。

客室内の乗員、乗客は昏睡状態に入ったことは理解できますが、コックピット内の機長、副操縦士、ナビゲーターは酸素マスクを装着したはずです。コックピット用には専用のボンベがあります。しかし、それってどう考えても7時間はもちません。ボーイング777では通常2時間程度の供給量が最大でしょうね。

CIAはマレーシア空港のグランドサービスを操作し、60分間分の酸素を補填しただけじゃぞ。

えっ、ということはトランスポンダーをオフにしたザハリ・アフマド・シャー機長が高度一万三千メートルに上昇させた。そして手動でキャビン与圧を徐々に上げていき、たぶん七千メートルくらいにセットしたのでしょうね。その圧力差は約五千メートルですから機体の強度限界でしょう。その後、キャビン与圧装置を七千メートルに固定したまま、飛行高度を巡航の六千二百メートル程度に降下させたとします。コックピット内の与圧は七千メートルの状態のままディエゴガルシア島にナビをセット、その後は自動操縦による飛行を続けたのでしょうか。巡航高度に戻って20分程度経過したくらいで操縦士たちに供給されていた酸素が徐々に少なくなり、自然に機長や副操縦士、航空機関士も深い睡眠に入ってしまった、っていうことですか。

そうじゃ、ここからは、地上での操縦に切り替わったわけじゃ。

ではマレーシア航空370便の乗員、乗客の全員が「深い昏睡の中、深い夢の中」という状態で飛行機はオートパイロット、もしくは地上からの遠隔操縦で飛行を続けたことになりますよね。

そうじゃな、地上からの信号により目的地座標は南極にセットされたのじゃ。

マレーシア航空370便のエンジンが燃料欠乏で自然停止し、失速速度まで高度を維持、その後スピンに入って落下していてもキャビン与圧は七千メートルのままだとしますと、誰一人として深い昏睡状態から目覚めない状態でインド洋に墜落したことになります。ちょうど全身麻酔を受けた患者が、麻酔科医の調整ミスで死亡したとしても、麻酔で眠っている本人には全く解らないというようなことです。そんな死に方で、乗員乗客全員が、冷たいインド洋に消えたっていうことですか。まあこれも考え方でしょうが、乗員乗客全員、誰一人も死の恐怖を感じることもなくインド洋に墜落したとなりますと、ある意味救われたような気もします。

今後もケッシュ技術を巡っては、このような事件が続いていくことになるじゃろう。

全く恐ろしい技術ですが、各国ともどうしても獲得したい技術でしょうね。世界の覇権を巡る攻防戦となっていくということですよね。実に恐ろしい時代に入ったものです。それにしても全くメンツを失ったのが中国であり中国共産党の幹部たちですよね。

中国は全国人民代表大会での目玉として報告を予定していた。ところが結果として水泡に帰しただけでなく、韓国を始めとして中国側に引き込もうとした国々からの信頼を失ったのじゃ。

なるほど、全国人民代表大会後に韓国は急におとなしくなりましたよね。でもアメリカや西側諸国は韓国の愚かさには呆れているでしょうね。

ロシアも同じである。中国を信じたロシアは軍が策定していたクリミア侵攻計画に

踏み切った。それは全国人民代表大会後の世界軍事パワーバランスに於ける変化を予測してたからじゃ。ところが全国人民代表大会での議題には目立ったものもなく、平凡な大会で終了してしまった。これには韓国、ロシアは肩すかしを食らった。慌てた韓国は、アメリカ、日本と提携を強くする方向に舵を切った。ロシアのプーチンもウクライナ侵攻計画を中断「ウクライナには絶対に侵攻しない」と慌ててオバマに電話したのじゃ。

そう言えばアメリカのヘーゲル国防長官が２０１４年4月上旬、日本、モンゴル、中国を急遽歴訪したのですが、韓国訪問を外したのは韓国に反省を促す目的だったのですか。そう言えば韓国の朴大統領って急に元気がなくなり、おとなしい猫のように変化しましたよ。

それほどマレーシア航空に搭乗していた技術者の価値が大きかったことにもなるのう。

しかし中国に媚びを売ろうとしていたマレーシアも、今後は大変な圧力を西側諸国から受けることになりますよね。それと正反対なのが北朝鮮ですか。北朝鮮は独自にイランから技術を提供され2014年3月30日に「核抑止力をさらに強化するため、新しい形態の核実験も排除しない」と表明しています。これってケッシュ財団のEMP原爆のことを言っているのでしょうね。北朝鮮が高々度電磁波原爆の核実験に成功しますと恐ろしいことになってきます。そのような技術があるからこそ中国と距離を置こうとしているのでしょうか。

その開発だけは、お前の言うイルミナティによって阻止されるじゃろう。

そりゃそうです。その核開発の見込みができた頃に、イラン、北朝鮮は地球から抹消されてしまうのでしょうね。ところでボーイング777を地上からの誘導で着陸させる技術ですが、ILS（計器着陸装置）を使用して着陸させるためには滑走路のカテゴリー（精度）は、やはりCAT・IIIB程度の高いレベルが必要でしょうね。

すでにアメリカは航空母艦への無人着艦を2013年に成功させておる。

すごい技術ですね。それって2013年7月10日のアメリカ無人機X47Bのことですよね。米バージニア州ノーフォーク沿岸で現地時間午後1時40分に空母ジョージ・H・W・

ブッシュに着艦させたとは恐れ入ります。航空母艦に着艦と、滑走路に着陸とでは雲泥の技術差が必要ですから。X47Bのテールフックが空母デッキの第3ワイヤーを見事に捉えたそうです。それにしてもアメリカっていう国はすごいものです。中国、ロシア、マレーシアも今回のMH370便の件にはさぞ驚いたでしょうね。最後の疑問なのですが、イギリスやアメリカは当然飛行経路もエンジン停止時刻も全て把握していたのに、どうして発表を極端に遅らせ各国に別海域を捜索させたのでしょう。

中国にブラックボックスを回収させないための時間稼ぎじゃ。

なるほど、中国に回収されては最悪ですよね。マレーシア政府は板挟み状態だったということですね。ではアメリカはすでに回収したと考えてもいいのでしょうか。

すでにブラックボックスは回収しておるが永遠の闇に葬られることになっておる。

まあ、回収した分析結果も日航123便のように自由に操作できますから、真相は未来永劫、闇の中ってことですか……。これにてマレーシア航空に関しての質問は終わります。ありがとうございました。

Ω様、全くテーマは違うのですが、対話途中のSTAP細胞に関しまして、日本人による偉大な発見だとお伺いしました。そこら辺りをもう少し詳しくお願いいたします。STAP細胞発見は私たち人類が2020年頃に「量子医学」と呼ぶ貴重な医学的進歩ということですが現在は2014年です。この発見はあまりに進歩的すぎて拒絶反応が強いのでしょうか。

フリーエネルギーと同じなのだよ。

そうしますと世界闇組織のイルミナティにとってはSTAP細胞も不都合な発見なのですね。

2014年2月、理化学研究所発生・再生科学総合研究センターの小保方晴子研究ユニットリーダーらが開発した新型の万能細胞「STAP細胞」は常識を覆す大発見として世界的な反響を呼びました。その後マスコミの袋叩きのような中傷の嵐で、理化学研究所も申請を取り下げることになりました。

そうじゃのう、マスコミ、報道を牛耳るイルミナティたちの思いのままじゃからの

う。

万能細胞は受精卵の内部の細胞を取り出して作る胚性幹細胞（ES細胞）と、京都大の山中伸弥教授が皮膚などの細胞に遺伝子を注入して作製した人工多能性幹細胞（iPS細胞）が知られていたのですが、STAP細胞はこれらに続く「第3の万能細胞」で、小保方さんが「生物の新たなメカニズムの発見」と話す通り、革命的な発見と言われていました。なぜイルミナティにとってSTAP細胞だけは許せないのでしょうか。

ケッシュ技術と同じである。軍事的にケッシュ技術を用いれば、過去の大陸間弾道ミサイル、核開発、新鋭戦闘機、ステルス爆撃機といった軍事産業を支えていた屋台骨が無用の長物となってしまう。ケッシュ技術のフリーエネルギーを使えば石油を中心とした世界産業も成り立たない、原発開発も不要となってしまう。世界闇組織イルミナティはエネルギー、金融、情報、軍事、医療、司法、警察などあらゆる権力を独占して地球資産の7割を独り占めにしておる。そのメインであるエネルギー、医療、軍事という三大柱の利権と産業収入源をなくすことは絶対に避けたいのじゃ。

日本のあらゆる報道組織、マスコミを使ったSTAP細胞叩き、小保方晴子氏への個人攻撃などは実に徹底的にやっていましたが、では小保方晴子氏の発見が正しいことをイルミナティは知っているのでしょうか。この一連の研究の中で若山照彦山梨大学教授は、小保方氏が作成した万能細胞を検証する役割を担っていました。若山氏は小保方氏が作成したとされている万能細胞を受け取り、実際にその細胞を利用可能な状態にできるかどうかを実験で検証していたわけです。若山氏にしてみれば、小保方氏の成果が真実であることを前提に検証作業をすることになりますから、根本的な部分に疑義が生じている以上、論文を撤回した方がよいと主張しているわけです。一方、論文の共同執筆者でハーバード大学のチャールズ・バカンティ教授は、米紙の取材に対し「取り下げるべき理由はない。ミスはあったが、結論に影響するものではない」と述べています。小保方晴子氏は取り下げたくないのでしょうが、所属する理化学研究所の態度は酷いもので小保方氏攻撃一辺倒に回っています。

理化学研究所は所詮政府の圧力下にあり、イルミナティ操作で政治家、医学会、医薬品企業、メイン銀行から相当な圧力を受けておる。企業存続さえ脅かされ研究者たちを非難しておるのじゃ。これでは優秀な研究者たちは日本を脱出してしまうじゃろう。

このＳＴＡＰ細胞というのは、なぜ医科学的にこれほど非難され、理解されないのでしょうか。

このＳＴＡＰ細胞は地球全人類の誰一人として理解できないのじゃ。

ええっ、地球の全人類の英知を持ってしても理解できないのですか。それってめちゃくちゃな発見ということですか。

そうではない、アインシュタインと同じなのだ。彼は現代物理学を全く理解できなかった。従来の医学、科学論では素粒子論は把握できないのじゃ。そこで説明する量子学者にこう言った。「……、では何かね、僕が月を見ている時にだけ月はそこに存在し、見ていない時にはそこに月は存在しないと君は言っているのかね」、この返事だが「確率の問題です」と量子学者は答えたのだよ。

Ω様の言われることがよく理解できません。詳しく教えてください。

京都大の山中伸弥教授が皮膚などの細胞に遺伝子を注入して作製したｉＰＳ細胞や

ＥＳ細胞というのは原子～分子の働きによるものじゃ。従来の医学、科学、つまり古典物理学で、理解も検証、再現、追認、追研可能な研究なのじゃ。ところが小保方晴子氏の発見したＳＴＡＰ細胞というのは中性子、電子の作用によるもので、この領域は量子力学、つまり量子医学の範疇での発見なのじゃ。

ちょっと待ってください。追認も追研究、つまり誰でも再現、再認できないものは科学や医学ではありませんよ。私たちはそれを「精神世界」と呼んでいます。では小保方氏の発見したＳＴＡＰ細胞は「精神世界医学」となってしまいます。

おぉ、うまいことを言う。まさにそれじゃ。そこで「量子医学」とお前たちの未来では呼ぶことになる医学分野なのじゃ。ケッシュ財団のところで説明したが、もう一度言おう。それはマグネティック・フィールドの箇所でのものじゃ。

「ケッシュ理論が『意識子』の利用を前提とし原子核内の中性子をコントロールする方法を見つけておるならば物質創出、フリーエネルギー機器、病気除去などは実現可能となる技術理論じゃよ。だが『意識子』というものがお前たちの科学界では認められることはない。科学とは再現でき、誰もが再現、追認観測が可能であることが大前提なのじゃ。ところが『観測者意識』に左右されてしまう不確実な再現性を持つものは科学ではなく、お前たちは『精神世界』と分類しておる。STAP細胞発見は正にこの領域での医学的発見なのじゃ。お前たち日本人による偉大な発見を、同じお前たち日本人の手で潰し、海外の成果に追いやることは嘆かわしいことだよ。お前たちが2020年に『量子医学』と呼称する大発見なのだから。ケッシュ技術に戻るが、それでもなお、お前たち人間にはできないことがあるのじゃ。もう一度私の示した素粒子理論を確認することじゃ。それが『細胞、分子、原子、原子核、陽子、中性子、電子、クォーク、ヒッグス粒子、光子、時間子、意識子、重力子』であったな。

いいかな、お前たちには反重力場は作ることは不可能なのじゃ。お前の肉体が『死』を迎えたときにも意識子は全く変化はしない。だから真実のお前に『死』は存在しないことは説明してきた。それも重力子が存在するからじゃ。もし反重力場になったとしよう、そうするとお前の魂までも消え去るということじゃ。もちろんあらゆるホログラム、つまり地球も太陽系も銀河も宇宙も全てが消え去るということなのじゃぞ。だがお前が意識子、お前たちの言う『魂』となっても重力子には絶対に関与できない。重力子には絶対に関与できないが、重力作用を軽減する程度の関与は可能じゃ。たとえば磁石のS極同士を近づけた作用を応用すれば実現できる。もう一度お前に伝えた素粒子配列と作用の仕組みを見直してみることだ。『細胞、分子、原子、原子核、陽子、中性子、電子、クォーク、ヒッグス粒子、光子、時間子、意識子、重力子』これが私

の作った宇宙の大法則ということを忘れてはならない」

では小保方氏の発見したＳＴＡＰ細胞は現代科学で言う「量子力学」と同じということですね。私たち人間は量子力学を誰一人として理解していません。しかしその作用を利用して集積回路、つまりコンピューターをベースに現代科学は進歩してきました。小保方氏の発見したＳＴＡＰも同じで、誰も理解はできないが利用は可能だということになりますよね。

そうじゃ、量子の働きは人間には理解できない。なぜ同時に別の場所に存在できるのかさえ説明はできないのじゃ。マスコミや報道機関の人間が量子の働きを理解できなくて総否定しているのと同じであろう。アインシュタインですら理解できなかったのじゃぞ。

そうしますと、なぜ小保方晴子氏は発見できたのでしょうか。

量子世界で一番重要な作用をもたらすものは何じゃったかな。

はい、それは観測者の意識でした。

その通りじゃ。小保方晴子氏の純粋で強烈な意識子により生み出され、発見されたのがＳＴＡＰ細胞なのじゃ。

では、少しでも疑いや疑問の心を持つ意識子を発射するとＳＴＡＰ細胞は再現、再認できないということですか。

そうじゃな。

なんとも小保方晴子氏は大変な発見をしてしまったものです。これでは世間一般の再生医学者、科学者から好奇の眼差しで見られたり、簡単に古典物理学の理論で攻撃されてしまいます。具体的に言えば彼女が「私は東京と大阪で同時にランチを食べています」と発言したようなもので、この変人、ペテン師だ、ってことに従来の物理学や科学ではなってしまいます。

一番の問題は世紀的発見がゆえに世界闇組織イルミナティ、理研、機関投資家、医

薬会社、セルシード社等の関連会社、日本政府、経済効果予測、証券会社などの利害が複雑に絡み合い熾烈な情報戦となっていることなのじゃよ。

日本はイルミナティに完全に牛耳られているのですが、それでもアベノミクスを成功させるためにはイルミナティ圧力に逆らってもよいと私は考えています。理研は独立行政法人ですが、日本の行政機関、省庁から独立した法人組織であったとしても行政の一端を担い公共の見地から事務や国家の事業を実施する組織です。国民の生活の安定と社会及び経済の健全な発展に役立つものは大いに推進すべきですよ。

省庁から独立していると言ってもじゃ、やはり官庁が独立行政法人の中長期計画策定や業務運営チェックに携わっておる。簡単に言えばＮＨＫのような立場とも言えるのぅ。

そんな研究所なら小保方晴子氏は理研を辞めるでしょうね。世界各国から誘いがくるでしょうが、イルミナティの監視の目からどうやって潜るかでしょう。しかし日本人の大発見が海外に流出することは避けられませんね。

ＳＴＡＰ細胞発見のプロセスをもう少し詳しく説明してごらん。

はい、哺乳類の体細胞に外部から刺激を与えるだけで、未分化で多能性を有する細胞に変化するというものです。これまで発見されたＥＳ細胞やｉＰＳ細胞などの多能性細胞と比較して作製法が格段に容易であり、またこれらの細胞にはない胎盤への分化能をも有することで、今後、再生医療等に貢献する可能性があまりに大きい発見でした。実験方法は、生後間もないマウスの脾臓から取り出したリンパ球の一種を、弱酸性の溶液に約30分浸した後に培養すると、生き残った細胞の一部が直径5マイクロメートルほどに小さくなり、1週間で多能性を持つ未分化細胞に変化し、これをＳＴＡＰ細胞と命名したのです。研究論文は理化学研究所、小保方晴子ユニットリーダー、若山照彦山梨大教授、笹井芳樹副センター長、丹波仁人プロジェクトリーダー、アメリカハーバード大学・小島宏司准教授、同じくチャールズ・バカンティ教授、東京女子医科大学・大和雅之教授が論文を完成させ、イギリスの天文学者ノーマン・ロッキーによって創刊された総合学術雑誌「ネイチャー」で発表されたのが、そもそもの始まりでした。ＳＴＡＰ細胞ですがｉＰＳ細胞に必要な遺伝子注入を必要としないため、より短時間で効率的に作ることができ、細胞がガン化する可能性も低くなると考えられています。簡単に言えばどのような細胞にも変化できる細胞がＳＴＡＰ細胞と言えるでしょうか。

物質は何によって決定されるのかな。

それは原子核内の中性子数と電子数とでも言いましょうか。その数の相違だけで水素になったり鉄、ウランなどになります。

それは古典物理学または量子学のどちらに所属するのかな。

やはり量子力学の範疇です。これは観測者意識に影響を受けるのが特徴の幻のような世界です。

「病は気から」という言葉はどういう意味かな。

それは有名な諺で、ガンを心配するあまり、正常だった細胞がガン細胞に変化したりすることですよ。

そうじゃ、細胞とは分子の集合であり、分子は原子の集合体じゃ。その原子を心配

のあまり変化させてしまうのが人間の意識エネルギーというものだよ。

よく言われることですが喫煙習慣によりガン細胞を生み出すのではなく、喫煙が「ガン発症率を高める」というプロパガンダにより、それを意識した人が喫煙すると、自分自身で暗示をかけながら、つまり心の底でガンを心配しながら喫煙するために発症率が高くなっている、っていうことですよね。

そうじゃ、もう一度私の素粒子配列をよく見てごらん。「細胞、分子、原子、原子核、陽子、中性子、電子、クォーク、ヒッグス粒子、光子、時間子、意識子、重力子」

これは何度もお伺いしていますので、よく理解できました。つまりＳＴＡＰ細胞は小保方氏の意識エネルギーが作用して発見できたものであり、一般的な医学、科学で言う再試験、再検証の難しい発見でもあるのですね。

現代医学界はワクチン、アレルギー、過敏症、うつなどの対応薬により多大な利益を受けておる。言葉を言い換えるとプロパガンダ、つまり洗脳や広告、環境操作により諸症状を人々の中に創り出しているとも言えるのだよ。世界闇組織イルミナティが

一番恐れるのはSTAP細胞ではない、それが生み出された「人間の意識エネルギー」の存在を人々が知ることを恐れているのじゃ。進化論は人間の意識を動物に押し込める洗脳である。人間が秘めている強大なフォースに、人間が気づくことを阻止しようとしておるのじゃ。ビッグバン、インフレーション宇宙理論も同じなのだよ。神の意志エネルギーの存在から、できる限り離れた理論を繰り広げ、洗脳しておるのじゃ。全ての情報操作は「人間の真の力」に気づかせないためじゃ。

それはよく聞いています。ムチとしては人間を恐怖報道で閉じ込め、アメは娯楽番組という情報操作で従順な羊の群れを作り出していることは知っています。また資本主義という拝金システムで人々の物質欲を高め経済にのみ関心を持たせるというシオニスト会議の愚民化方針通りに操作していることも理解しています。なるほど、小保方晴子氏の発見プロセスと仕組みを知られることは、イルミナティにとっては致命的ですよね。

自由民主主義のスローガン「自由と平等」だが、自由と平等などどこにも存在しないのじゃ。

自由主義、つまり自由競争は自然と差別と不平等を産み出すものじゃ。この理論は矛盾理論の最たるもので、これもシオニスト会議で決定された洗脳の一つじゃ。

アメリカも日本も数パーセントの金持ちと90パーセント以上の低所得層とに格差が開いていますので、愚民の私でも「変だな」と感じていますよ。しかしまあ小保方晴子氏の発見したSTAP細胞の真の意味がよく分かりました。インターネットの普及でイルミナティ洗脳や操作に気づく人たちも確実に増加しているように私は感じています。つまり人類が目覚めつつあることは間違いありません。このような大きな潮流の変化する時代に、それに合わせたように小保方晴子氏の登場とは、誠に神の配慮と申しますか、目覚めようとする人たちへの試金石のように感じられます。

まさしく試金石と言えるのぅ。マスコミ情報力による洗脳の典型とも言えるよい事例じゃ。日本人による偉大な発見を、日本人の手で握りつぶすとなると実に嘆かわしいことじゃな。ケッシュ財団の登場、STAP細胞の発見は何かが共通しているとは感じないかな。

強い反対圧力の存在が同じです。しかもその反対勢力たるや、いずれもイルミナティが絡む国家、多国籍企業レベルの強烈なものですよね。STAP細胞のことですが、結局これは小保方氏という個人でしか作成できない細胞なのでしょうか。

イエスはどのようにして仲間や信者を増やしたのかな。

訪問する村々で病気を治したり、水を葡萄酒に変えたりする奇跡の技を示したのが、仲間や弟子を増やすことに貢献したと思います。

STAP細胞は生まれたてのマウス細胞を利用してのものじゃが、イエスの場合は成人の病気細胞をリセットさせ健康な細胞にしたのじゃ。そのパワーは小保方という人物の発する意識エネルギーとは比較できないほど強かった。しかしイエスは常々「あなたも誰もが私と同じことができる」と語っていたことは知っているかな。

はい、それはよく本に書かれていましたし、「洗脳」という本に私も、イエスの言葉を成就させるための方法、心構えなども紹介しています。

そうじゃな、人は誰でもイエスと同じ能力を秘めておる。イエスは知っていた、だが多くの人は知らなかった。お前たちとイエスの相違点は、ただそれだけのことじゃ。イエスは人間に備わった能力を知り使った。つまり「覚醒」したのじゃ。

ではイエスと私たちは「無知と覚醒」の相違だけなのでしょうか。その差って具体的にどのようなものですか。

お前たちが使用する言葉では「次元の相違」ともいえるのぅ。目覚めた人たちは過去の次元から次の段階の次元に入った人間とも言えるのじゃ。真のアセンションとはこのことじゃ。全ての人間が内蔵している力と能力に気づくことにより、エネルギーの質変化が生じ、地球や宇宙をも次元の上昇に導いていくのじゃ。

ケッシュ博士、小保方氏などは、すでに私たちとは次元が違うエネルギー場に存在しているということですか。それを「目覚め」「アセンション」と言うのですね。最近感じるのですが、目覚めた人が徐々に増加しているように感じます。ケッシュ博士、小保方氏の出現はその代表格として、確かに「覚醒」した人は増えていますよ。物欲、金銭欲などの少ないのが「目覚めた人」の特徴のように私は感じていますが、いかがですか。

その通りじゃ。

では小保方さんは物欲、金銭欲、出世欲が極端に少ない人ということになります。そんな小保方さんがSTAP細胞疑惑でマスコミから、まるでペテン師のように報道されることは彼女にとってはあまりに残酷で非情な世と感じているでしょうね。

イエスは、時のユダヤ権力者たちから迫害を受け、ついに十字架で処刑された。だが復活をしたからこそキリストとなり、2000年後もキリストとして崇められておる。小保方という人物にとって今はゴルゴダの丘にいる身じゃ。しかしイエスと同じく復活するためには、非難を浴びながら一度死なねばならない。これは研究学会からの死という意味じゃぞ。

えっ、それでは小保方氏はイエスと同じっていうことですか。ではイエスを裏切ったユダの役割を誰かが演じているのですかね。それってたぶん理研でしょうか……。最後まで信じたマグダラのマリア役がハーバート大学のチャールズ・バカンティ博士ということでしょうかね。では、それを記載した聖書も当然必要となりますよね。

この本が正にそれじゃ。イエスの復活を描いた聖書と同じ役目を果たすことになるのじゃ。

なるほど、2000年前に出現した別次元の人間、イエスを最初に描いたのが新約聖書、現代に出現した別次元の人間、つまりケッシュ博士、小保方リーダーを最初に描いたのがこの本となり、聖書と同じ役割を果たすのですか。そうしますとケッシュ博士はイエス、小保方晴子氏はさしずめ聖母マリアということになりますよね。いゃー、Ω様のジョークは本当に楽しいです。まあ、Ω様がおっしゃることですから半分は本気で受け止めちゃいます。Ω様との小保方晴子氏発見のSTAP細胞に関する対話でしたが、思わぬ方向にまで発展しました。アセンション、次元上昇と言われることですが、私としましては、一人でも多くの方が「目覚め」ていただければと切に願っています。今回の対話、本当にありがとうございました。

いやいや、いつでもどうぞ。お前との対話は私にも楽しみだよ。ではこれにてじゃ。

はい、また何かありましたらよろしくです。

エピローグ

２０１２年、明窓出版から「夢研究者と神」、２０１３年「洗脳」という本を私は上梓している。この二冊で宇宙創生、時間、光などの対話内容を発表してきた。

２０１４年２月21日、イタリアにあるケッシュ財団本部に所属する研究員から突然のメールを受けた。その時点まで私にはケッシュ財団の知識はなく、明窓出版の社長にそのことを報告した。意外にもそれは彼が強い関心を寄せている財団だったことが分かった。そこでメールにあったホームページを読んで見た。読者からの最初のメールということでブログにも書いたのだが、どういう訳か２月22日にはケッシュ財団のサイトにアクセスできなくなっていた。どうも紹介されたサイトは日本の支援組織によるホームページであり、財団のオフィシャルサイトではなかったようである。直ちに正式なケッシュ財団のサイトにアクセスした。また、ケッシュ財団に関する動画で彼らの保有する技術を惜しみなく紹介しているのには驚かされた。

同時に、研究員とのメールのやりとりや電話での話が始まったのであるが、ケッシュ財団の理論や技術は調べれば調べるほど私がΩ様から講義を受けた内容と似ていた。２０１２年２月に発売となった「夢研究者と神」は過去からの私とΩ様との対話の集大成だったのだが、ケッシュ財団では１０年前からブラックホールは存在しないと公表していたのである。私自身「夢研究者と神」ではブラックホールは存在しないことを発表するには少し抵抗を感じていた。

「変人に思われるだろうな」という気持ちがあったが、ケッシュ博士は堂々と公表していたのである。イランがアメリカのスパイ無人偵察機を捕獲した時「すごい技術をイランは持っている」と恐れ入ったものだが、その技術はケッシュ財団が提供したものだということも2014年2月23日に知った。これは私にとって納得のいくものだった。ただケッシュ財団のホームページや動画を探してみてもボーイング787に関するものは見つからない。

理論的にはアラスカなどのHAARP等による電磁波照射で可能なのだが、ボーイングと言えばイルミナティが大切にしている企業である。イルミナティがボーイング787に対してHAARPを照射することは考えられなかった。あの技術はケッシュ財団のものに間違いないのだ。そこでケッシュ財団が彼らの技術をどの国に提供したのか調べてみた。インドネシアへの提供は2013年、ところがマレーシアには2010年頃には技術供与がすでになされていた。イランへの供与が2008年であるから、イランへの技術供与の直後にマレーシアとケッシュ財団は契約したようだ。RQ170の無傷捕獲で証明された通り、ケッシュ財団の技術にはアメリカは手が出ない。これまでの軍事バランスそのものが機能しないのである。核弾道ミサイルを発射したとしても、その核ミサイルが発射した自分たちの頭上に戻ってくるからである。

ケッシュ財団のどの技術を調べてみても、全てがイルミナティの利権に抗っていることは明白である。さてさて日本は困難な立場に追い込まれている。日本はすでにイルミナティの完全コントロール下にあり、常々私はイルミナティは「悪魔」との立場で執筆してきた。

その立場から見ればケッシュ財団は「天使」である。イルミナティの行動パターンから言えばケッシュ財団は敵であり殲滅すべき組織であろう。西側の報道、司法、軍事、警察を操るイルミナティによるケッシュ財団への弾圧と情報操作は今後ますます熾烈になっていくだろう。そうなるとケッシュ財団は必然的にイラン、ロシア、中国、北朝鮮、シリアとの関係を深めていくことになる。日本にとってケッシュ財団が「悪魔」となるか「天使」となるかは日本政府の対応に左右されていくことだろう。

執筆途中で発生したマレーシア航空機消息不明事件とは、今この瞬間にケッシュ技術を巡っての争奪戦と阻止陰謀が絡み合って進行している現実を私たちに突きつけている。

最後にケッシュ博士の得た理論は現代科学では「あり得ない技術」でもある。しかし、「Ω様」から20年以上の時間を経て得ることができた「素粒子理論」を利用し、確かに技術転用もしくは技術ビジョンを確立していることは間違いない事実である。2014年から本格的活動にケッシュ財団は乗り出すと言う。この「神素粒子理論」から生み出されるエネルギーとフォースは計り知れない。ケッシュ財団自身が公表しているように、ケッシュ技術を保有した国に対し、保有しない国々は「ひれ伏す」しか選択余地のない時代が来るのだろうか。

2014年4月　筆者

付　録

『未然の書』

～北朝鮮暴発と中国制裁戦争

『未然の書』内容

プロローグ

　１９９２年当時住んでいた東京の多摩川沿いのマンションで、私は不思議な夢を見た。夕暮れ時、オレンジ色に染まる富士山、そのシルエットは神秘的なほど美しく、私はよくそのひとときを楽しんでいた。一級河川の川幅と広い緑地を持ち、夏でも窓を開ければ涼しい風が爽やかに吹き抜ける部屋での生活は快適そのものだった。

　その環境と土地の発するエネルギーが私に不思議なパワーを与えてくれたのだろうか……、今振り返ってみると、絶対未来視である予知夢を多く見ていたことに驚く。堤防沿いに桜が咲き、街ゆく人々の服装も華やかな色彩となった季節、そんなある夜、その夢は訪れた。

　それは過去に幾万回見たであろう夢とは違い、妙にリアリティ感を伴った夢だった。夢の内容は、北朝鮮のミサイルにより私が死ぬ場面とその後の情景だったのだが、今までとは全く違い、あまりのリアリティに、目覚めた後もありありと思い出せる不思議な夢だった。


「どうして北朝鮮のミサイルなんかで死ぬんだろう」

「なぜアメリカはイランに核ミサイルを撃ち込み、世界戦争をやってたんだ」

「確か、あれは東京での核爆発だ……原爆……」

原爆という言葉は私たち日本人には特別な響きを持つ。日本人にとって原子爆弾、つまり原爆はカルマとして潜在意識に刻み込まれている。世界で有名な日本の地名として「ヒロシマ」が上げられるだろう。第二次世界大戦当時の惨劇歴史の一つ「ヒロシマ」、1945年8月6日「ヒロシマ」は悲劇の地名となる。

「原爆を人類に使用する」という悪夢は、アメリカのトルーマン大統領が原爆投下を承認した時に決定した。その指令はハンディ陸軍参謀総長代理からスパーツ陸軍戦略航空軍司令官（戦略航空隊総指揮官）に送られ、それを受けた第509混成軍団司令部から出撃命令35号が発令されたのである。原爆を搭載したB29はマリアナ諸島テニアン飛行場を離陸、高度は31600フィート（9632メートル）でヒロシマに向かい、世界で初めての原爆投下。これによりヒロシマの人口三十五万人のうち約十四万人が死亡した。3日後の8月9日には長崎にも投下され、日本は降伏した。

ヒロシマにはウラン原爆、長崎にはプルトニウム原爆が使用され、その地は放射線で汚染された。被爆、残留放射線により骨髄等の細胞への影響や白血病等の血液悪性腫瘍など、いわゆる原爆病が発生、原爆投下60年後に於ける被爆死亡者はヒロシマ四十万人、長崎二十万人に及んでいる。世界で最初の被爆国となった日本だが、今度は平和利用の原子力発電所事故による大災害に見舞われる。

２０１１年3月11日に発生した東北地方太平洋沖地震を端緒として、東京電力の福島第一原子力発電所で発生した水素爆発など一連の原子力事故で、原子力発電所事故としては世界最大規模の惨事となった。この本の執筆時においても福島第一原発から半径20キロは立ち入り禁止であり、いつ解決するか先の見えない現状だ。それはちょうど１９８６年4月26日に発生したソビエト連邦、チェルノブイリ原子力発電所事故のようである。この時ウクライナ北部はチェルノブイリ原発から半径約30キロ圏内が立ち入り禁止となり、事故後26年経過した２０１２年に、ウクライナ非常事態省関連機関の高官が首都キエフでの記者会見で「同区域の約半分は永遠に立ち入りが制限される」と発言した。原子力事故とはこのように事故後何十年経過しても深刻な影響が残り続ける。

私は福島第一原子力発電所事故現場から２００キロ以上離れた東京の隣都市、横浜に住んでいるが、２０２０年東京オリンピック開催、アベノミクス効果で経済が上向いていると言われている現在でもガイガーカウンターを携帯した人々が付近の公園を測定しているし、購入した野菜などの放射線量測定ショップができ、多くの主婦や企業、地方自治体でそれが利用されるようになっている。家庭で料理する野菜や食料品の放射線量を測定し、少しでも安全な料理を子供に提供したい親心である。一時よく見られたデパート、スーパーマーケットに並ぶ食料品の「放射線量測定済み、基準値以下」の食品表示こそあまり見なくなったが、検出値を確認する姿は日常となり、この先何十年、このような生活を続けるのか不安を持つ日本国民は多い。

もし、私の見た夢が予知夢であり、近未来、北朝鮮の核ミサイル攻撃で東京などの日本の都市が被爆するのであれば、日本という国は原子力、核、原爆に呪われた国のように感じられてならない。

1946年から1958年にかけて、太平洋を実験場としてアメリカ合衆国が23回もの核実験を行ったが、観測により魚介類に放射線の影響が出始めたのが半年後だった。マーシャル諸島共和国ビキニ環礁で行われた水爆実験では、広島型原子爆弾約1000個分の爆発力の水素爆弾が炸裂し、海底に直径約2キロメートル、深さ73メートルのクレーターが形成された。この時、日本のマグロ漁船・第五福竜丸をはじめ約1000隻以上の漁船が死の灰を浴びて被曝、ビキニ環礁から約240キロメートル離れたロンゲラップ環礁にも死の灰が降り積もり、放射線により海は汚染された。世界の海における放射性セシウムの平均値は0.086ベクレルとなっていく。

世界での核実験、ビキニ環礁での水爆実験などにより地球海洋に含まれる放射性セシウムの平均値と比較してみると、フクシマ近海の放射線量は一時その約二万倍となったのである。ビキニ環礁で行われた水爆実験では、その破壊力を調べるためアメリカの戦艦ネバダ、アーカンソー、ニューヨーク、ペンシルベニア、空母サラトガ、ドイツ海軍の重巡洋艦プリンツ・オイゲン、日本海軍の戦艦長門、軽巡洋艦酒匂などの艦船が実験用に並べられた。水爆空中爆発では日本海軍の軽巡洋艦酒匂が沈没しただけだったが、その後の水爆水中爆破で全艦船が海底に沈んだ。原爆以上の破壊力を持つ水爆による空中爆発、この対戦艦攻撃能力の調査により、戦艦内部の人間に対しては殺傷効果が少ないことが分かり、やがて中性子爆弾などの研究に移っていく。

福島第一原発事故後

２０１１年３月14日の福島原発に於ける原子炉隔壁爆発事故は世界を震撼《しんかん》させた。大量の放射線が空中に舞い上がり、その拡散予測や放射線汚染予測に関しての第一報は日本からではなく、欧州から配信された。海外からの情報により私たち日本人は放射性物質の拡散地域を知ることになる。チェルノブイリ原発事故を真剣に調査している欧州の監視体制は進んでいて、福島原発事故発生直後の放射線汚染拡散予想をノルウェー気象研究所が直ちに発表した。またオーストリアとドイツもそれに続いて公表している。日本政府の持つ拡散予想システム「スピーディ」情報は日本国内においても全く活用されず、住民の避難指示、避難場所の選定が二転三転する。この結果、人為的とも取れる要因で、住民への被曝量は拡大してしまった。後に「スピーディ」は「スローディ」と批判されることになる。

福島第一原子力発電所に設置してある6つの原子炉のうち、第3号機だけは特殊な原子炉で、この3号機はウランとプルトニウムの混合物を発電に利用していた。これはMOX燃料と呼ばれ、フランスのアレバ社で製造されたものである。MOX燃料の危険性を最も知っているフランス政府の反応は早かった。事故直後、フランス大使館は関東地方に住むフランス人に日本退去を推奨し、翌日には日本に残るフランス人にはヨード剤の配布を始めた。大量のヨード剤を大使館が常時保管し、それを直ちに在フランス人に配ることができる危機管理体制となっていることも驚きだが、緊急事故対応マニュアルなどが周知徹底され、確実に実行できる国ということであろう。福島第一原子力発電の爆破映像が流れた直後には、西日本に逃げるための交通手段を大使館が用意している。さらにフランス人を帰国させるための臨時チャーター便が次々と日本の空港に飛来している。こうした危機対応への素早さは、フランス大使館関係者の判断や主導ではなく、フランスという国が、緊急事態、重大事故対応にどう対処するのか、その手順が周到に準備されている証しであろう。自動的に危機管理マニュアルが働いて、全員がそれを実行する体制が確立されている、というのが真実であろう。

日本政府とフランス政府の危機管理システムには雲泥の差がある。もともとが、危険なMOX燃料を製造しているフランスとしては当然のシステムなのだろうか。

それに比べて事故直後の日本政府内での会議、指示、対応、会話などの記録は残っていない。それと比較してアメリカでは、福島原発の分厚い事故報告書、対応記録ファイルを完成させている。それを見せつけられた日本国民は、その対応差、管理能力差に愕然とするのだが、いったいこの差はどこから生じているのだろう。

MOX燃料とは原子炉の使用済み核燃料中に1％程度含まれるプルトニウムを再処理により取り出し、プルトニウム濃度を4～9％に高めた核燃料のことである。この燃料の特徴は、ウラン新燃料に比べ放射能が高い。特に中性子が著しく高い。ウラン中にプルトニウムを混ぜることにより、燃料の融点が下がり、これにより燃料が溶けやすくなっている。プルトニウムという名前はギリシャ神話のプルート、冥王（地獄の王）に由来する。この危険な燃料棒を使用する原発はフランス、ベルギー、スイスが主でアメリカ、日本では少ない。フランス、アレバ社はメロックス工場で年間200トン以上のMOX燃料を製造、輸出している。メルトダウン、水素爆発による福島3号機からのプルトニウム放出と拡散による被害予想は困難であるが、その一因としてプルトニウム239は半減期二万四千年だが、半減期が八千万年と言われるプルトニウム同位体も微量に含まれるからだ。しかもプルトニウムは誘導結合プラズマ質量分析法で測定するため、同位体の標準溶液など準備の整った研究室で長時間かけた分析作業が必要となる。3号機の爆発事故直後での対応はフランスのように、緊急対応マニュアルの即完全実行、この対応方法がベストであり、日本政府もフランスを見習わなくてはならないだろう。

日本での原発事故報道は連日に亘って行われた。あらゆる新聞、メディアが詳しく報道したことは当然と言える。この事故は全世界の関心を集めていた時期であり、主婦、子供までテレビや新聞に釘付けとなった大ニュースである。事故発生から10日が経過した頃、私は多くの知人に質問してみた。

「福島3号機は特殊なことを知っていますか?」

連日テレビや新聞で関心を持って情報を集めたであろう友人たち、つまり平均的教養と判断力、知識のある日本人男性と女性という意味だが、誰一人として福島原発3号機が特別な原子炉という知識、情報を持っていなかった。燃料にプルトニウムを使用していたこと、ましてやMOX燃料という名称など、ほとんどの友人は知らなかったのである。これは日本での連日に亘る報道でありながら、MOX燃料、プルトニウム使用に関する内容は一切報道されなかったという事実を物語っている。いやいや、意図的に報道されなかった、というのが真実であろう。私の女房がそのよい見本である。彼女は津波と福島原発事故に関心があったのだろうか、専業主婦の彼女には珍しく、一日中テレビや新聞の原発報道に接し、食い入るように情報を集めていた。多くの主婦も同じ状態だったろうし、男も女子供も老人も年齢に関係なくテレビや新聞から離れなかった、ちょうどそのタイミングでの質問であった。しかし、その結果は前述した通りである。私は友人たちの反応にショックを受け、妻にも質問してみた。結果は同じで、全く知らなかったのである。

なぜ日本中のテレビ局、新聞は報道しなかったのか。連日登場した原子力専門家たちはなぜ一言も説明しなかったのだろうか。「マネー」なのだ。ただマネーによる力、利害関係だけがそこにあったのだ。

報道を握った者の陥る恐ろしさはここにある。

悪魔のプルトニウム

事故後2週間が経過して海外からの情報や反応から、徐々に日本の偏った報道は修正されていくのだが、それにしてもあまりに恐ろしいマネーの力と言えるだろう。やがて各国情報やインターネット圧力により、新聞や週刊誌で掲載されるようになり、3号機のプルトニウム問題はお昼のワイドショーでもテーマとして取り上げられるようになる。

「プルトニウムって猛毒らしいですね」

「プルトニウムは千分の一グラムで死に至るって本当ですか」

主婦の疑問を代弁するワイドショー出演者の質問や疑問に答えるべく、多くの原子力研究の専門家、研究者がコメンテーターとしてテレビに登場する。その中で特に原子力研究では権威とされている東大教授、準教授などがワイドショーに招待された。東大病院放射線科、中川恵一氏、同じく大橋弘忠氏などである。

「プルトニウムは重いので遠くには飛びません」

「プルトニウムは飲んでも安全です」

「プルトニウムの放射線はアルファ線で、これは紙でも遮断できるのですよ」

後に伝説となるこれらの発言時期は、テレビコマーシャル、一般娯楽番組などが自粛されていた、ちょうど、その時点の放送である。テレビコマーシャルを流せない各局は当然、視聴率なども集計する必要も無かっただろうが、私の推測として、これら各局が放送するお昼のワイドショーは高視聴率を記録していただろう。この三大コメントは日本全国に伝わったようで、日本国民のプルトニウムに対する恐怖心は一変した。

私は常々、〝日本の空気〟は主婦が作り出している……、と感じている。〝日本の空気〟という言葉は少し馴染めないだろうが、東京には東京の、大阪には大阪の空気は存在するし、各家庭にもそれぞれ違った空気がある。その〃日本の空気、雰囲気、ムード〃というものは日本の主婦が作り出していると私は思っている。その空気の源と言えば、お昼のワイドショーに辿り着く。つまりテレビ局、そこから発信される情報により日本中の空気が作り出されていくのである。

２０１３年11月、ヨルダン川西岸のラマラに埋葬されたＰＬＯ、アラファト前議長の墓が掘り返された。土葬されていた前議長の遺体の一部の採取が行われ、その検査結果が発表された。アラファト前議長の死因には不審を感じた人も多く、前々から暗殺説が囁かれていた。埋葬した遺体を掘り出す事態にまで至ったのは他国の情報に帰因している。

ポロニウムという最終暗殺物質

２００７年末にイギリス政府が突然、イギリス国内に亡命中の元ＫＧＢのリトビネンコ中佐がポロニウム２１０で暗殺されたと発表。コーヒーショップで「会食直後に体調を崩した」ことを根拠にして元同僚のルボコイ（ロシアの野党国会議員）を毒殺の犯人と断定し、ロシア政府に彼の身柄の引き渡しを要求した。容疑者引き渡しを拒んだロシアに対してイギリスは外交官４人を制裁として追放、これに対して、ロシア側も報復として英国外交官を追放する国際的な大騒ぎに発展した事件が関係している。

ポロニウム210は、電離作用が大きいヘリウムの原子核で、アルファ線を出すが、空中で最大3センチ以内しか飛ばず、紙一枚でも放射線を遮断し「持ち運び」が容易である。そこで服のポケットに忍ばすことも可能なのだ。しかし放射能測定器の内部の窓までは届かないことにより通常のガイガーカウンターでの検出は不可能である。口から食べたのなら3ヶ月程度、血液注射でも2〜3週間後にしか放射能の影響が出ない。このポロニウムは、ウラン235が放射線を出しながら崩壊して最後には鉛になる途中の中間物質である。またポロニウム210の入手は英米やイスラエルなど、国内で原子力機関を所有する国は製造可能物質であり、当然日本でも製造できる。ロシアでは年間8グラムが生産されているが、この物質は非常に高価で0・01グラムの価格が数億円とも囁かれている。

ポロニウムについてはそれまで全く関心を持たれなかった物質である。それが2013年11月になってアラファト前議長の埋葬遺体が掘り起こされるという、驚くべきニュースにより世界が注目し始めた物質ということだ。

「プルトニウムは重いので遠くには飛びません」

「プルトニウムは飲んでも安全です」

「プルトニウムの放射線はアルファ線で、これは紙でも遮断できるのですよ」

これらプルトニウムのコメントで日本中の空気は一変したが、ポロニウムの場合は、専門家以外、世界中の報道機関さえ知識も情報もない代物である。そこで多くの関心や興味が集まり、結果、驚くべき情報がもたらされた。

シアン化カリウムの三十七万倍、人工物で最も毒性の強いVXガスの240倍も毒性が強く、知られている中で最も毒性の強い物質がポロニウム210だったのだ。その致死量はわずか0・001グラムと言う。別名「最終暗殺物質」つまりターミネーター物質である。プルトニウムと同じ性質を持つポロニウムである。お昼のワイドショーなどでコメントした東大の権威たちは、きっとこう発言しただろう。

「ポロニウムは重いので遠くには飛びません」

「ポロニウムは飲んでも安全です」

「ポロニウムの放射線はアルファ線で、これは紙でも遮断できるのですよ」と。

その後、福島原発3号機から飛散したプルトニウムはカリフォルニアで検出された。日本には春になると中国大陸から大量の黄砂、白砂が飛来する。砂でさえ数千キロを拡散していくのは常識だ。砂分子より小さなプルトニウム分子はいったい何キロ飛散したのだろうか。

過去にはチェルノブイリ原発から日本にプルトニウムが飛来したことが観測されている。

この現実を政府、東電、報道、学者は隠蔽したのだが、原発にプルトニウムを使用する危険性は限りなく高い。過去から全世界で核実験が行われ、この地球には猛毒プルトニウムが20トンも放出されてきたのだが、更に福島原発第3号機のそれも加わったのである。そもそも核兵器に利用するプルトニウムは、ウランを使用する原子力発電では自然に発生する廃棄物、副産物がどんどん溜まっていく。しかも半減期二万四千年、これは四万八千年で25％、七万二千年で12・5％、九万六千年で6・25％、十一万八千年で3・125％、十四万二千年でも1・56％の放射線を放出するということだ。二十万年以上経過してもゼロになるわけではないが、それほどの長期間、完全な隔離保管が必要となるという厄介な物質である。日本では30トン以上が貯まってしまい、世界でも隔離保管に悩まされる副産物である。それをなんとか現役利用しようと考え出されたのがＭＯＸだが、更により多くの使用をと考え出されたのが高速増殖炉となる。高速増殖炉は含有量の少ないウラン２３５でなく、たっぷり存在するウラン２３８利用を目的とし、プルトニウム（ＭＯＸ）を核分裂させ、発電利用した上で、さらにプルトニウムを増殖するための原子力発電システムを言う。

核分裂物質として使えないウラン238を、核分裂できるプルトニウムに変換できるため、プルトニウム239を増やしつつ発電できるという魔法のプルトニウム増産マシーンが高速増殖炉である。

日本では福井県敦賀市にある「もんじゅ」がそれで、2007年完成した。発電すれば自然と貯まるプルトニウムをなんとか再利用しようとMOXを考え出したのに、それを使って、使用前以上にプルトニウムを増やしてどうするのだろう。日本はすでにプルトニウムというゴミを30トン以上抱えこんでいるのだ。一口に30トンと説明したが、このゴミの量でさえ原爆3000発分に相当する。これ以上プルトニウムを生産して原爆一万発分持ってなんになる。まるでメビウスの輪に似たエンドレス・スパイラルではないか。ドイツはこの危険な無限ループからの脱出を計り、日本でも2013年11月現在全ての原発は停止している。

世界を震撼《しんかん》させた福島の原発はアメリカ、フランス、イスラエルの技術が結集したものだが、巨大津波による全ての電源停止によってメルトダウンが起こった。国別に見ると、原子炉はアメリカ、燃料はフランス、安全管理はイスラエルというのがだいたいの役割担当だったが、爆発を食い止めようと直後「ベント」を開いた。それによって大量の放射線が放出されたのだが、そこにはなんと！　フィルターが装備されていなかった。広大な砂漠で原発を運営しているイスラエル原発にはフィルターはそもそも不必要なのだろうか。福島ではフィルターを通さず、ダイレクトに放射能物質が放出され、被害はより膨大になっていった。タバコにだって長いフィルターはついている。福島原発では炉心への緊急冷却に使用された高濃度放射性汚染水が海に放出された。これも当然フィルター無しだ。２０１２年４月、津波被害のがれきに混じり一つのサッカーボールがアメリカ西海岸に漂着し、報道されたのだが、緊急放出された核汚染水がとっくにアメリカへ到達している証明とも言えるだろう。核汚染範囲はロシア、アラスカ、カナダ、アメリカ西海岸と、小さな世界地図でさえ即確認できるほど広大な範囲に影響が及ぶ。国々が集まった欧州の中心、ドイツの脱原発という決断は、ある意味当然だったのかもしれない。

２０１３年後半から始まった激動の時代

世界大混乱の見本市とも言える２０１３年も師走に近い11月23日、中国国防省は沖縄県尖閣諸島の上空を含む東シナ海の上空を新たに防空識別圏に設定し、圏内を飛行する航空機に対して中国航空当局への飛行計画書の事前提出や中国国防省の指示に従うことを求め、従わない場合には武力による緊急措置をとる方針を明らかにした。

２０１３年という一年はシリア内戦問題で始まり、イラン核開発問題、北朝鮮弾道ミサイル問題と、世界平和を脅かす報道で終始した。特にシリア内戦にサリンなどの毒ガスが使用され、この制裁として多国籍軍によるシリア攻撃直前、アサド大統領は完全廃棄に合意し、それ以上の使用は回避された。シリアの毒ガス使用の事実を国際社会が掴んだのは、シリアのアサド政権軍による２０１３年8月21日未明の攻撃によってである。

ダマスカス近郊ザマルカ、アインタルマ、東グータなどへの空爆分析によりそれは判明した。シリアは化学兵器（毒ガス兵器）を装填した爆弾を使い、死者１３５０人以上、負傷者５０００人以上を出した。その現場とは、国連の化学兵器調査団が拠点としている地区から8～16キロの地点で、シリア内戦開始以来最も大規模な化学兵器の使用となった。

イランとの核開発規制への合意も２０１３年11月25日に発表されたが、ロウハニ大統領は合意発表から数時間後に声明を出し「世界の大国はイランの核の権利を認めた」と宣言するが、これをケリー米国務長官や国務省は直ちに否定し、ますます混迷度を増している。

北朝鮮問題では２０１３年7月15日、キューバから北朝鮮に向かっていた北朝鮮の船舶が武器を積んでいたとしてパナマ当局は拿捕《だほ》、乗組員35名を拘束した。パナマのマルティネリ大統領は、北朝鮮船内のキューバ産の砂糖１トンの下から「精密なミサイル部品」と見られる機器が押収されたことを発表、その兵器は地対空ミサイル「SA2」用の迎撃レーダーだと分析された。また同年11月11日、北朝鮮はシリア内戦にも戦闘機パイロットや武器を供給していたことが発覚する。シリアのアサド大統領はさらに北朝鮮から短距離ミサイルを40機購入したと発表、その使用目的、つまりターゲットは当然イスラエルである。

イスラエルのネタニヤフ首相は11月7日、再開したイランと欧米など6カ国との核協議に関し、イランが核開発を制限する見返りに欧米が制裁を緩和することは「間違いだ」と述べた。また「イスラエルはいかなる脅威にも自衛する権利がある」と強調する。ネタニヤフ首相はイランによる核兵器開発を阻止するためには、武力行使も辞さない姿勢を繰り返し示している。イスラエルはイラン核施設攻撃の準備として空中給油機4機体制を更に8機増やし12機体制とし、着々とイラン核施設攻撃を準備してきた。そんなイスラエルにとって西側とイランとの核兵器開発合意はとても受け入れられるものでなく、激怒したネタニヤフ首相はケリー米国務長官を罵倒した。それに追い打ちをかけるニュースが世界に発信される。同時期、ドイツのメルケル首相、メキシコ、ブラジル大統領への米国家安全保障局（NSA）による盗聴が発覚する。このように2013年は、世界の平和と安全を揺るがすニュースで埋め尽くされた一年だった。読者諸兄にも、このように感じている方が多いだろう。

２０１４年に入ると北朝鮮の連続したノドンミサイル発射実験、ロシアによるクリミア制圧と、まさに激動期に入っている。

「いつからか歯止めが利かなくなってきた……」

「何かが狂い始めている……」

北朝鮮の陰謀

私が夢を見た１９９２年当時、北朝鮮という国に対しての一般的日本人の知識としては、１９８７年大韓航空の爆破事件で逮捕された金賢姫の日本語教師証言を発端とした拉致問題、１９７０年３月に発生した日航よど号ハイジャック事件、金日成なる将軍が率いる独裁者国家という程度でしかなく、それは私にとっても同じだった。

北朝鮮の核ミサイル被爆により死んだ私は宇宙から地球を見つめ、アメリカの大陸間弾道ミサイル（ＩＣＢＭ）がイランへの報復として攻撃する情景も見ていた。不思議に思い、当時流行り始めたインターネットで検索し、北朝鮮とイランの関係を調べてみたのだが満足な情報は得られず、ちょうど起業直後で、目先に追われる多忙さに、それ以上北朝鮮とイランの関係を調べることもなく、雑用に追われる日々を送ってきた。1998年8月、北朝鮮は日本海に向けてテポドンミサイルの発射実験を行い、北朝鮮のミサイルへの関心は一気に高まることになった。イランと北朝鮮の関係が不明なことに変わりなく、マスコミによる報道にしても、北朝鮮と外国とが関わった報道などは流れることはなかった。日本では北朝鮮テポドンミサイルへの関心が高まっていたが、私には、どうしてもイランと北朝鮮の関係が理解できず、私の見た夢に関しても、書物などで発表する気持ちにはなれなかった。

2002年12月、イエメン沖で北朝鮮船舶がスペイン、アメリカ両軍による臨検を受け、ミサイル輸出計画が発覚というニュースが流れる。この事件をきっかけに日本の報道も、北朝鮮と海外諸国との関係に注目するようになっていく。

北朝鮮輸送船「ソ・サン号」に搭載されていた北朝鮮製ミサイル部品の90%が日本から「万景峰92」などで運ばれたものであることが、米上院政府活動委員会の公聴会で証言され日本中にショックが走る。ソ・サン号事件はアメリカが率いるテロ警戒活動に参加していたスペインのフリゲート艦が、国旗を掲揚せず、船体の認識番号も塗りつぶされている不審船を発見したことがその発端だった。不審船に対し制止を呼びかけたが応じないため「海賊船」とみなしたスペイン軍は威嚇射撃した後、ヘリコプターを使って部隊を船上に送り込んだ。積み荷を調べたところ、15発のスカッドミサイルと通常兵器の弾頭、ミサイル用燃料を作る際に必要となる化学薬品（発煙硝酸）80缶が見つかった。ソ・サン号は「たまたま」付近にいたアメリカの軍艦に引き渡され、バーレーンに曳航された。

事件が起きる前からの経緯を見ていくと、アメリカ軍の行動は「たまたま」ではなかったことが分かる。アメリカは、ソ・サン号が11月下旬に北朝鮮の南浦港を出港した時点から軍事衛星などを使ってソ・サン号の足取りを追い続け、積み荷がスカッドミサイルであることも、ミサイルの購入者がイエメンであることも、イエメン政府がミサイル代金として払った金額が数百万ドルで、代金は11月末に払い込まれたことまで事前に調査していたのである。またアメリカはそのミサイル部品の大部分が日本製ということも察知していた。拉致問題、朝鮮総連との関係が国会でも問題となり、当時社民党党首だった土井たか子は辞任、日本は朝鮮総連と距離を置く方向に舵を切っていく。２００７年、今度は北朝鮮輸送船団がシリアに向かい、これも阻止された。

北朝鮮の疑惑はこれだけではない。２００７年9月6日、シリアの領空に進入したイスラエル空軍は、北朝鮮の技術指導を受け、建設中のシリア核施設を空爆し破壊する。さらにアメリカ、国際社会の圧力により、カダフィ大佐はシリアでの核保有を断念した。この事件以降、北朝鮮の武器輸出方法は臨検される海路の使用を諦め、空路を用いる方法、技術者を派遣支援するという手段を用いることになる。北朝鮮のミサイル技術、核開発能力の向上により武器輸出相手国は拡大していき、武器運搬方法はより巧妙化していった。

北朝鮮を離陸、タイ・バンコクの空港に到着した貨物機から大量の武器が押収されたが、この貨物機はロシア製のイリューシン76であった。事件の推移は２００９年12月12日、平壌からバンコクのドンムアン空港に給油のために着陸した際、タイ当局が大量の武器を発見したことによる。カザフスタン人やベラルーシ人の乗員５人を拘束した事件で、積み荷は北朝鮮製とみられる携行型ロケット砲、地対空ミサイルの部品など計35トン、16億円相当が押収された。これに先立ち国連安保理は、北朝鮮を資金面から圧迫するため、２００９年６月、武器輸出を全面禁止とする制裁決議を採択していたのだが、この決議に違反する北朝鮮による国際社会への「挑戦」がこの事件により明るみに出る。さらに調査が進むと「偽装方法」も念入りで、フライト計画を調査した専門家によると、同機はアゼルバイジャン、アラブ首長国連邦（ＵＡＥ）などを経由して平壌入りした後、タイ、スリランカ、ＵＡＥ、ウクライナを経て、イランのテヘランに向かう飛行計画だった。テヘランで積み荷の武器を引き渡す計画だったらしい。貨物機はグルジア国内の会社名義で登記され、それをニュージーランドの会社がリース、さらに今回のフライト直前に、香港の会社が同機の賃借契約を結んでいたのである。複雑なフライト計画は本来の目的地をカムフラージュするためであり、積み荷は石油掘削のための機械と偽装され、さらに荷主が転々としていることも、本来の依頼主を隠蔽するためだった。このように北朝鮮に於ける武器輸出の手口は、超巧妙かつ複雑なものであった。

この報道により「イラン」という国名が初めて北朝鮮輸出相手国として登場、1992年に見た夢と現実の国際情勢がこの武器輸出計画の発覚により接点が生まれ、リンクし始め、私は夢を見て17年後、あの夢が単なる夢ではなく確実に進行している世界情勢だと理解、確信することになる。

未然の書

私はあの不思議な夢を世に発表したくなり原稿を書き始めることにした、文字だけでは表現不足と思い、絵としての表現を思い立ったが、その夢を時系列で纏めると、ちょうど7枚のイラストとなった。

ヨハネの黙示録に登場する天使は7つのラッパを吹く、そのラッパのように7枚のイラストに纏まったのである。聖書ヨハネの黙示録には、7人の天使、7つのラッパ以外にも

7という数字が頻繁に登場する。たとえば7つの教会へのメッセージ、7つの災い、7つの封印の開封などであるが、7つの封印にならって私も7枚のイラストを開封していこうと思う。7枚の黙示録図はスペード1番から7番と番号順で時系列を表している。スペードの6番が、ちょうど私が死んだ時の黙示録図となる。最後のスペード7番は、死後、私が見た世界をイラストで表現している。当然「死んだ後にどうして世界情勢が見えたのか?」などの疑問をお持ちになると思われるが、予知夢の正確性などに関しては私の著書「夢研究者と神」(明窓出版)を併読していただければご理解いただけると思う。「夢研究者と神」という本は2012年に発行され、この本には7枚のイラスト図だけを掲載している。イラスト説明は一切行っていない。そこで挿入黙示録図への問い合わせが多く寄せられ、その黙示録図のガイドブックとして「未然の書」、つまり本項を執筆したのである。

予知夢は、その夢を見た直後に「これは数ヶ月以内に発生する」「これは10日以内に現実となる」など発生時期を予想できるものもあるが、通常の予知夢は発生時期の特定は非常に困難と言える。特に1992年に見た夢であり、正確な発生日時の予測は、あくまで予知夢内容を分析し、そこから推定したものである。幸いなことに7枚のイラスト、7枚の黙示録図はスペード1番、2番と、その順序は私の夢内容そのままの順となっており、北朝鮮ミサイルにより私が死ぬ時期は、スペード6番目に現実化する。スペード5番のニユースが世界に流れると、スペード6番の発生時期は半年～一年以内であり、ある程度の時期予想・発生年の確定は可能となる。しかもスペード6番で説明するが、だいたいの季節と時期、時刻は予想可能なのだ。予知夢は不思議な夢で、その未来での感情、思考や服装、季節、時刻まで理解していることが多い。

さて、前置きはこれくらいにして、ここから7つの黙示録図を開いていく。

黙示録1番図

黙示録1番図には、イランと北朝鮮が乾杯しているイラスト、パンドラの箱を開いた女性が描かれている。2005年～2008年に北朝鮮からの技術供与により、イランはウラン235、テポドン、ノドンミサイル技術も手中にしたことを表している。

実際、北朝鮮からミサイル、原発技術者数百人がイランに派遣されている。彼ら北朝鮮の技術者は朝鮮労働党「99号室」の所属であり、イラン中部コム近郊の核施設に3～6ヶ月交代で勤務している。

イランは2014年現在、ウラン濃縮遠心分離器12669台以上を使い兵器級ウランを作り出している。なぜプルトニウムでなくウラン235を生産するのかという理由だ

235U
1
1
235U

が、ウラン型原爆はプルトニウム型と比較して隠密理に製造が可能な原爆と言える。

北朝鮮という国土には世界最大級のウラン鉱脈が眠っている。北朝鮮のウラン埋蔵量は世界一とも囁かれている。このウランを狙って、日本も過去には北朝鮮に多大な関心を寄せていた。日本が超大国である米国と太平洋の覇権を争えたのは、朝鮮半島北部に軍需工業を支える地下資源があったからだ。第2次世界大戦で核開発を行ったのは、太平洋の覇権を争った日米両国のみである。日米両国は大海を隔てた戦闘から核兵器の有効性に気づいたとも言える。日本帝国の核開発を支えたのは、現北朝鮮のウラン資源であった。日本帝国は、天然ウランとフッ素を化合させ、反応生成した六フッ化ウランを熱して、軽いウラン235は上へ、重いウラン238は下へと自然分離させる熱拡散法によるウラン分離、ウラン濃縮を行おうとした。


北朝鮮のウラン資源については、地下鉱脈に二千六百万トンのウラン鉱が埋蔵されており、採掘可能量は四百万トンにのぼると推測されている。北朝鮮はこの豊富なウラン鉱石を分離、イエローケーキとしてイランに輸出している。

イランは1269台という膨大な遠心分離器を使い、ウラン純度を高めている。これだけの遠心分離器を使用すれば、3ヶ月に一つの原発を製造できる計算である。

国際社会はイランに対し、ウラン濃縮を20％に留めるよう要求しているが、いったん20％に濃縮したウランは、簡単に90％という兵器級ウランに濃縮できる。プルトニウム型原爆製造の場合、原子力発電というインフラが必要となるが、ウラン型原爆製造には費用のかさむ原発施設などは無用となる。隠密理に開発するには、堅固な地下施設、ウラン鉱石、遠心分離器があれば簡単に核保有国になれるわけだ。

天然ウラン鉱石の大部分は、核分裂を起こさないウラン２３８で、核分裂能力のあるウラン２３５は０・７％しか含有されていない。天然ウランのほとんどを占めるウラン２３８に中性子をぶつけると、貴重なプルトニウム２３９となるが、各国が原発施設を手放さない理由がここにある。つまり、原子力発電という施設を建設すると、自然にプルトニウムが生産されてしまうのだ。このプルトニウム２３９の半減期は二万四千年であり、発電に原発を採用すると、半減期の長い核廃棄物の保管に悩まされる問題がセットで訪れる。

日本の広島に投下された原爆はウラン型であり、長崎がプルトニウム型であった。原子力発電施設を稼働させると自然とプルトニウム２３９が貯まってしまうことは前述した。日本でもプルトニウムが大量に貯まってしまい、原爆３０００発をすぐにでも製造できるほどの量になっている。

現代科学は、七万年、十万年という、人類にとっては無限に等しい期間、核廃棄物を隔離し保管できるのであろうか。最新技術に於ける核廃棄物の最終処分に関しては、複数の技術的ソリューションを組み合わせた多重安全バリアを基盤としている。まず、使用済み燃料を黒鉛鋳鉄でできた蜂の巣状の筒に格納する。次に、黒鉛鋳鉄の筒を、純銅製のカプセルに入れる。カプセルの周りは、耐水性のベントナイト粘土をバター状にしたもので覆う。さらにその外側を、非感温性で安定した花崗岩という自然のバリアが守る仕組みが検討されている。この研究は北欧フィンランドで現在進められているが、この多重安全バリアにより放射線漏れは少なくとも十万年は防止できる、と期待されている。

十万年放射線漏れを防止する技術、方法として、核廃棄物の入ったカプセルは、ベントナイト粘土に守られながら、地下４２０ｍの地点に設けられた円錐形の縦抗に閉じ込められる。フィンランドの花崗岩の安全性についての研究では、百八十万年前から現在に至るまで大きなひずみが生じていない、との地盤調査結果を得ている。核廃棄物最終処理場の予想建設費は総額で30億ユーロに達するが、これが完成すると、操業開始後１００年は追加の廃棄物を受け入れると言う。その後、永久に封鎖されるのだが、日本もこの核廃棄施設の顧客になる予定である。

黙示録2番図

この黙示録2番図もすでに2007年~2011年で過去のものとなっている。イラストを見ていただければお分かりになるだろうが、北朝鮮が弾道ミサイル、ノドン、テポドンをイランに差し出している図である。北朝鮮がイランに派遣している技術者の半分がミサイル関係者で、彼らの協力を得て、イランはノドンミサイルをベースに、独自のミサイルを完成させた。それがセッジール2ミサイルである。

イランはイスラエルに対抗するための弾道ミサイル技術ではかなりの進展を遂げ、2段式固体燃料型のセッジール2ミサイルを設計した当時から核弾頭の搭載を想定し、その弾頭にはウラン型弾頭の搭載を予定している。

12669台という膨大な遠心分離器を使って純度の高いウラン235を製造したとしても、2013年11月現在予測としては、イランの保有核弾頭数は15発程度であり、まだまだパキスタン、インド並みに達したとは言えない。今、イランには時間が必要なのである。

そこで北朝鮮と同じように、西側諸国にフェイントをかけながら時間稼ぎを行っている。

Taepo
2
조선민주주의
인민공화국
2
dong

大量の核弾頭を生産保有したいイランは、開発を急ぐあまり、2011年11月12日にテヘラン南西のイラン基地内で大爆発事故を起こしてしまう。この事故により北朝鮮技術者5名が死亡、2名が重傷を負い、テヘラン市内の病院に搬送された。死傷した7名の北朝鮮人氏名は公表されていない。死傷した7名のうち、3名は北朝鮮第2自然科学院の技術者であるが、この第2自然科学院は別名国防科学院とも言われ、北朝鮮の兵器開発での中心機関である。北朝鮮技術者の支援を受けて、ノドンミサイルを原型としながら、やがてセッジール2ミサイル、シャハブ3ミサイルと、次々に開発を成功させており、すでに射程距離は2000キロメートルという高い能力に至っている。もちろん宿敵イスラエルは、2000キロメートルというセッジール2ミサイル射程圏内に入っている。

イランのウラン濃縮施設は首都テヘラン南方、聖地コム郊外の山岳地帯に存在する。ここで20%に濃縮したウラン235を中部ナタンツ地下施設で90%に濃縮、それをフォルドの地下施設で核弾頭化していると見られている。これらの地下施設は地下100メートル以下に設けられているが、これの破壊攻撃用として核弾頭搭載のバンカーバスターを開発しているのがイスラエルである。

しかしアメリカは、保有する最大級の地下貫通型爆弾「バンカーバスター」でも、前述のイラン地下施設を破壊できない、と結論付けている。そこで核弾頭の搭載が必要となり、アメリカは独自にＢ61・11核爆弾を開発している。これは地下強化目標への攻撃用で、高々度から投下される。Ｂ61は地中に着弾すると地中に突き刺さる、そこで遅延信管が作動、地中で核爆発を起こすものである。これをアメリカはイスラエルに１００機提供し、表向き提供した兵器名をＧＢＵ２８、５０００ポンドレーザー誘導地中貫通爆弾として公表している。この貫通爆弾は通称「ディープ・スロート」とも呼ばれている。

秘密裏に提供を受けたＢ61・11をもってしても、１００メートルより深いとみられるイラン地下施設の攻撃には不十分、と感じたイスラエルは、弾頭プルトニウム量を増やした独自タイプを開発している。これを搭載できる攻撃戦闘機はＦ15クラスで、イスラエルは80機以上を保有している。

２０１３年10月13日、イスラエルは戦闘機の長距離飛行対応訓練を実施したと発表、空中給油機が上空で戦闘機に給油する映像を公開した。これに対しイランはイスラエルへの攻撃が可能な中距離ミサイルの発射実験に成功したと、その映像を公開している。

黙示録3番図

この黙示録3番図は、2014年1月本項執筆時点では「現実化」されていない。ここからは本項タイトルの通りの未来予言、つまり「未然の書」となっていく。1992年に私が見た夢を7枚の黙示録図で表しているので、当然、黙示録一番、二番図も当時から見れば未然の書に含まれる内容であった。2014年1月の現時点から見れば、すでに黙示録1番も2番図も過去の出来事となる。この黙示録三番図の意味するところは、ずばり「イスラエルによるイラン核施設の攻撃」である。私はこの攻撃は2014年~2016年頃に行われると予想している。

現在は2014年1月、イスラエルによるイラン攻撃は、まだ発生していない。

イスラエルがイラン核施設を攻撃する準備は着々と進められ、明日にでも攻撃が開始される情勢でもある。一方、イランはオイルマネーを武器に過去からロシア製防空ミサイルを導入している。しかも2014年2月、ロシア製S300地対空ミサイルシステムがロシアからイランに正式に引き渡されるが、執筆時からあと3ヶ月後のことである。この最新対空ミサイルが導入されると、現有の〝イスラエル斬り込み部隊〟能力では力不足となる。初期のS300シリーズのロシア製地対空ミサイルをイランはすでに保有し、

OIL
3
ישראל
3
CIA

2010年4月の軍事パレードで独自にイラン国内で製造したS300が初登場している。しかし射程距離の長い最新型をイランが確保すれば、イスラエルには厄介な相手となる。

ここでイスラエルによるイラン核施設攻撃をシミュレートしてみよう。

最初にイラン国内に突入するのはイスラエルの斬り込み航空部隊である。その役割とは、イランのレーダー網、通信網の破壊である。斬り込み航空隊は超低空でイラン国内に侵入後、イランの電子施設を電磁的に攻撃し、使用不能にさせる役目を持つ。これが通称SEAD（シード）部隊である。SEAD航空隊は、敵地に攻撃を行う航空機にとって最大の脅威である敵防空網を制圧し味方の損害を減少、かつ制空権を獲得するための作戦行動を担う。敵防空網を制圧するには、レーダーサイト、防空指揮、通信施設、対空兵器陣地、防空戦闘機基地などをミサイルや誘導爆弾等で破壊してしまう方法を採る。超低空で飛行できる戦闘機隊がその役割を担っている。それがSEAD航空隊であり、各国でのエリートパイロットたちが任命される。そのSEAD航空隊と同時に、イランが使用する電波妨害を行う戦闘機隊、つまりガルフストリームなどの特殊任務機とがセットとなり、最初の一撃を行うことになる。もちろん先鋒隊援護として、ステルス航空隊、宇宙からは電子妨害衛星なども使われ、イラン電子機器、防空システムの破壊に全力が投入される。

２０１１年11月、ドイツはイスラエルにドルフィン級潜水艦６隻を販売した。このドイツの大型潜水艦には射程１５００キロの核ミサイル４発を装備することが可能である。イスラエルが国土の広いイラン攻撃のため、手に入れたドルフィン級潜水艦を使用することは確実である。その攻撃はイラン核施設への精密攻撃となるだろう。

ロシアからイランに２０１３年9月に引き渡された最新原子力発電施設、ブシェール原発はペルシャ湾に面している。この原発施設をイスラエルは、当該潜水艦から真っ先に攻撃するだろう。イスラエルに課されるのは対国際世論への配慮、対策であり、イラン核施設へのピンポイント攻撃がどうしても必要となる。この問題解決のためにドイツから購入したのがドルフィン級潜水艦である。ただ単にイランを攻撃するには、イスラエル本土から ジェリコ弾道ミサイルを使えばよいのだが、それをやれば国際世論、ロシアからの報復核ミサイルの攻撃も予想され、そうなればイスラエルという国が根底から破壊されてしまう。イランを攻撃するには潜水艦部隊にホルムズ海峡を通過させペルシャ湾に侵入させなければならない。これを裏付けるように２０１３年9月23日、サンデータイムズが「イスラエルは核搭載潜水艦をペルシャ湾に常駐させることを計画」と報じている。イスラエルの潜水艦は以前にもペルシャ湾に入ったことがあるが、少なくともその時は、そのうちの一隻が常駐するという決定はなされていなかった。タイムズ紙は「イスラエル政府が三隻の核搭載潜水艦のうち、少なくとも一隻をペルシャ湾のイランを攻撃できる範囲内に常駐させる決定をした」と主張している。この記事によると、この潜水艦はシリア、イラン、ヒズボラからの増大するミサイルの脅威に対応するため、ペルシャ湾にドルフィン級潜水艦を移動していると言う。ドイツから潜水艦を導入直後の作戦行動には驚かされるが、導入前からドイツに乗組員を派遣し、十分な潜行、操舵訓練を受けていた証明でもあろう。

イラン攻撃のシミュレートを続けよう。

イスラエルSEAD航空隊がイランレーダー網、防空指揮、通信施設、対空兵器陣地、防空戦闘機基地を破壊した後、核バンカーバスターを搭載する50機程度のF15部隊でのイラン核施設の攻撃が開始される。その護衛には100機程度のF16戦闘機部隊の投入が必要となってくる。このような大規模な戦闘機部隊への燃料を補給するにはロッキードC130、ボーイング707などわずか20機程度の空中給油機ではとても間に合わない。そこで、アゼルバイジャンなどのイラン隣接借用基地をフル活用することになる。

イスラエル戦闘機がイランを攻撃するには片道1600キロを飛行しなければならない。しかも斬り込み隊では超低空の飛行が必要であり、そのため燃料消費は著しい量となる。そこで短時間の作戦行動しかできない。しかし、ロシアの参戦を阻むために、イスラエルはイランが核弾頭ミサイルを完成させる前には核施設限定の攻撃、破壊をせざるを得ない。

航空作戦、潜水艦作戦以外にもイラン核開発を阻止するために、いろいろな手段をイスラエルは使っている。一例では、イランの核開発を阻止するため、イラン核技術者の暗殺、爆破作戦も実施している。しかし、イランには前述したように、北朝鮮から数百名、ロシアからも技術者が送り込まれているので、暗殺などの手段では開発阻止はすでに追いつかない。

一方、イランは西側諸国と合意するかのようにフェイント作戦を続け、裏では核兵器開発を急いでいる。今、イスラエルはジレンマに陥っている。イスラエルによるイラン攻撃、そのタイムリミットが２０１４年である。

黙示録４番図

この黙示録４番図は、イスラエルによる核施設攻撃を受けたイランが反撃する図である。イラスト内スペードにホルムズと書かれているが、これはホルムズ海峡を意味し、この四番目の夢は２０１４年１月現在、未来図、つまり「未然の書」となる。

HOR
4
ישראל
MUZ
4

黙示録3番図はイスラエルによるイラン攻撃の内容だった。バンカーバスターを使っての地下核施設、及び戦闘機による原子力発電施設の限定攻撃を3番図は示していた。

重いバンカーバスターをイスラエルから搭載し、片道1000マイルを飛行するには空中給油機が必要不可欠だが、イスラエルは12機しか保有していない。アメリカへの支援要請も暗礁に乗り上げたのか、その解決策としてイランの隣接国に空軍基地を確保したらしい。

アメリカ外交専門誌「フォーリン・ポリシー」は2012年3月30日、米当局者の話として、イスラエルがイラン北部と接するアゼルバイジャンから空軍基地の使用許可を得た模様だと報じた。アメリカ政府は、イスラエルによるイランの核施設攻撃に利用される可能性があると懸念していることも報道した。これが事実とすれば、イスラエルの攻撃機数に制約を受ける空中給油が不必要となり、イランレーダー網と対空ミサイルのほとんどに関係なく攻撃ができることになる。イランに残された反撃は、イスラエル攻撃から生き残ったミサイル等による報復攻撃のみだが、イスラエルにはマッハ9、迎撃射程90キロメートルに及ぶアロー長距離対空ミサイル、撃ち漏らした場合のためにパトリオット対空ミサイルが十分に配備されている。しかもみっちり訓練を重ねた兵士が操作する防衛体制である。その結果、イランの中距離ミサイルの1割程度しかイスラエルに着弾しないと予想されている。つまりイランの報復ミサイルのうち3発程度のみの効果にとどまるだろう。

イラン空軍は、Ｆ14トムキャット36機、ミグ29を50機、スホーイ24を36機、戦闘攻撃機１８０機という大空軍力を保有してはいる。しかしその大半は、イスラエルＳＥＡＤ航空隊により、離陸もできないうちに破壊されるだろう。仮に離陸でき空中戦に持ち込めたとしても、イスラエル軍Ｆ16戦闘機約１００機による反撃に遭い、一機たりとも生き残ることはできないとシミュレートされている。

そこでイランは次の作戦として、強大な海軍力を動員し、ホルムズ海峡の封鎖を計画するだろう。まず夜間、隠密理による機雷のホルムズ海峡近海への「ばらまき作戦」が考えられる。しかし、この作戦をイランは実行できない。これを実施すれば、直ちに西側諸国の結束と戦争参入を招くからだ。またロシアもイランを庇護することが困難となる。

２０１４年5月、アメリカの偵察衛星は北朝鮮北東部の咸鏡北道吉州郡豊渓里で行われる4度目の核実験を警戒し偵察活動を強化していく。韓国、日本の地震計もその特殊振動波を捉えようとしているが、北朝鮮が行おうとする4度目の核実験は、小型核爆弾（高濃縮ウラン型）かＥＭＰ弾頭核実験とみられている。ＥＭＰ核爆弾は上空３００キロから４００キロで核爆発させることで強烈な電磁波を発生させる。地上の電気、電子機器を一瞬にして機能停止にさせてしまう爆弾で、人間を傷つけることはないが、人間の生活に必要なインフラは一瞬のうちに全て失われてしまう。ＧＰＳ、コンピューター、通信、携帯電話、電気などが全てストップする。まさにこのEMP爆弾を落とされると「百年前に戻ったまま、復旧には3年から10年を要する」という破壊力である。この高濃縮ウラン型核弾頭を北朝鮮はロシア経由でイランに空輸、テポドン2を改良したミサイルを搭載させ、それをイスラエル攻撃に使用させることが予想される。同時にイランは、北朝鮮より搬入した生物化学兵器をシャハブ3中距離ミサイルに搭載し、これを反撃手段として利用するだろう。

ここから未然記に戻る。2016年1月13日、イランから飛来する中距離弾道ミサイルに対し、イスラエルはアロー長距離対空ミサイル、パトリオット短距離対空ミサイルで防御する。しかし3発を撃ち漏らし、イスラエルに着弾した。1発はハイファに着弾、その弾頭に北朝鮮製生物化学兵器が搭載されていた。イスラエルは事前に毒ガスマスクを住民に配布していたが、死者は三千人を超え、ハイファでは奇病が蔓延して「エジプトファラオの呪い」「逆過ぎ越し祭」などの言葉が瞬時にネット上に躍る。

2発目は砂漠地帯に着弾、3発目でテルアビブが被弾、その弾頭には核が搭載され、きのこ雲が舞い上がった。テルアビブの惨状はロイター通信、AP通信により直ちに全世界に配信された。広島型原爆と同規模の被害を受けたテルアビブの惨状は刻々と中継放送され世界の人々は、そのライブ映像を食い入るように見つめた。テレビで放映されるテルアビブ市街は壊滅的だったが人的被害はほとんどない。それは全世帯に核シェルターが完備されていたからである。日本人的感覚では全家庭に核シェルターなど想像もつかないが、実際イスラエル、スイスでは今日、全家庭に備わっている。ここからイスラエルの得意とするプロパガンダが開始される。ドイツのアウシュビッツ収容所の悲劇を全世界に広告したように、イスラエルが最も得意とする情報戦が開始された。テルアビブの惨劇以外に、イランが使用した核弾道の分析、その成分なども特集が組まれ詳しく報道されていく。その分析により北朝鮮の生物化学兵器、ミサイル、北朝鮮産ウランの使用が確認された、と大プロパガンダが打ち出されることになる。連日の報道特集で西側諸国からイラン、北朝鮮への抗議活動が活発化していく。その圧力により国連は2016年3月、イラン、北朝鮮制裁決議案の審議に入り、ロシア、中国は反対票を投じることができず棄権に廻った。

国連審議によりアメリカ、イギリス、ドイツ、フランスを中心とした多国籍軍はイラン制裁に、アメリカ、日本、韓国、シンガポール、フィリピンは北朝鮮制裁に加わることになる。北朝鮮への制裁軍の中心はアメリカ第7艦隊と決定し、日本もその指揮に入った。攻撃開始日時を2016年6月18日と決定した多国籍軍は、部隊をホルムズ海峡に集結、一方第7艦隊を旗艦としたアジア制裁部隊も佐世保に集結し、攻撃への準備を推し進めていく。グァムからはB2ステルス爆撃機が沖縄に配置され、対馬空港はオスプレー部隊の拠点に整備された。日本の全イージス艦が日本海に集結し、東京、名古屋、大阪を守るパトリオット部隊、Xバンドレーダーも対馬、隠岐の島に運び込まれていく。稼働していた5カ所の原発は一時停止、燃料棒が抜き取られ安全な地下施設に移されていく。

一方、韓国では霊光原発以外は全て停止し、日本と同じく燃料棒が抜き出されていく。北朝鮮と対峙する38度線に地上部隊を集結させ、2016年5月、ドイツより購入した長距離空対地ミサイル「タウルス」を全戦闘機に装着、玄武迎撃ミサイル250基を38度線、ソウル周辺に配置していった。

2016年8月、韓国では、北朝鮮脱北者を安全保護の目的で収容し始めたことが日本でも放送される。これへの抗議デモが大阪を中心に発生し、日本政府も安全確保の名目で、在日朝鮮人を拘留する事態となる。これに北朝鮮は強く抗議し、何時北朝鮮がミサイルを発射するのか予測もつかないほどの緊迫した情勢になっていく。日本は、全兵力を日本海に集中させるため、尖閣諸島の監視には台湾軍、アメリカ軍の協力を得ていた。一方多国籍軍はホルムズ海峡を制圧し、ペルシャ湾に部隊を集結しており、イラン攻撃に向けた準備が着々と進められていく。西側諸国は北朝鮮に核技術を提供したパキスタンにも批判の矛先を向けた。北朝鮮の核開発技術はアフガニスタン経由であり、パキスタン国家の関与も疑われているのだが、パキスタン政府は、北朝鮮への核技術流出は、カーン博士の「個人的な犯行」とし関与を否定した。

このパキスタンがプルトニウム型原爆を保有したのは1998年のことであり、パキスタンの「ガウリ中距離ミサイル」は北朝鮮から購入したノドンミサイルである。このように北朝鮮とパキスタンは武器裏市場で密接な関係を保っている。パキスタンの協力により、2009年、北朝鮮は日本を射程圏に収めるノドンミサイルに搭載可能な核爆弾の小型化に成功している。それを誇示するかのように北朝鮮は2012年4月15日、金日成生誕100周年記念軍事パレードで、新型中距離ミサイルを自走式発射台に載せて行進させた。この軍事パレードの映像は米国で詳細に分析され、中国の輸送部品輸出業者「フベイ・サンチャン」が国連安保理制裁を無視して、ミサイル関連部品を北朝鮮に売却した疑いが浮上。ロシア科学アカデミー研究所のパーヴェル・ゾロタリョフ副所長は、この部品が中国と一定の協力関係にあるパキスタンから持ち込まれた可能性もあると述べた。

7、中国、北朝鮮のミサイル開発、核開発などの技術交流は水面下で結びついている。北朝鮮の核弾頭ミサイル格納地下基地、多くの核施設は中国国境付近に作っている。その目的は、西側の偵察機や攻撃からの防御である。偵察機の飛行を制限し、西側が攻撃すれば中国にも放射線被害が及ぶことを危惧、攻撃しにくいだろうと考え、基本的に中国楯作戦を取っている。日本を攻撃可能な核弾頭の保有数については2014年現在、北朝鮮は最大で30発前後の核爆弾を保有しているようだ。パキスタンはもちろん1974年に核保有国となったインドと対峙し、そのミサイルはインド各地に照準を合わせている。一方、インドはパキスタンのみならず、中国全土を射程にするアグニミサイル、及び多弾頭独立目標再突入ミサイル（MIRV）を開発し、こうして世界の核拡散は歯止めがない。

イラン、北朝鮮を追っていくといつも影のように存在しているのが、このパキスタンである。インドとは1948年から三度の全面戦争を行い、七十万の陸軍を持ち、1000両以上の戦車部隊を誇る陸軍中心の国である。またインド海軍力に対抗し、潜水艦、戦闘機も多数保有している。内訳として、戦闘機は中国製のF7エアボルト192機、フランス製ミラージュ180機、アメリカ製F16、中国と共同開発したJF17などである。パキスタンは、1998年核実験に成功し、核弾頭搭載ミサイルは北朝鮮のノドン改良型「ガウリ」を使用、当然インドに照準を合わせている。

しかし、パキスタンのこの戦力と比較してもインドは優位な戦力を誇っている。インドは百三十万の陸軍と最新戦車T90を1000両、海軍は、航空母艦ヴィクラント、ヴィクラマーディティヤ、弾道ミサイル原子力潜水艦アリハントなど150隻、空軍も最新戦闘機をロシア、アメリカ、イスラエル、フランス、イギリスなど様々な国から購入し、今では2000機近い戦力を誇っている。もともとインド軍は、ＩＣＢＭ、ＳＬＢＭ、戦略爆撃機を保有し、しかも原子力潜水艦に核兵器を搭載している大軍事国家の一つである。

ここで世界の軍事力を総合的に比較すると、まずＥＵが世界最大の軍事力を持っている。二番目はアメリカ、続いて中国、日本、ロシア、インドであり、このように総合戦力でもインドは世界総合6位であるが、陸軍単独では世界2位を誇っている。

黙示録5番図

この黙示録図はイラン、北朝鮮を巨大なブーツで踏みつぶしている様子が描かれている。

イスラエルの主要都市テルアビブへの核使用によってイランは、アメリカを始め西側諸国から猛烈な批判を浴びることになる。またイランに小型核爆弾、テポドン、ノドンミサイル技術を売った北朝鮮も同様に国際社会から非難を受ける図である。

国連にはイラン、北朝鮮武力制裁決議案が提出され、中国は拒否権を発動、ロシアは棄権するが、それを無視し、ＮＡＴＯ軍、多国籍軍が結成された。イギリス、フランス、ドイツ、オーストラリア、カナダ、韓国など一五カ国以上の国による大軍事部隊が編成され、

PRESS
5
대한민국
조선민주주의
인민공화국
5
PRESS

同時に徹底した経済制裁、金融制裁が実行される。台湾、フィリピン、インド、韓国及び米軍は北朝鮮包囲網を布き、中国を牽制しながら北朝鮮攻撃の準備に入る。イランへはアメリカ、イギリス、フランス、ドイツ、スペイン、オーストラリア、カナダ、ドバイの部隊が、イラク、アゼルバイジャン、ホルムズ海峡に集結するため移動を開始した。日本国内では、後方支援だけでなく攻撃にも参加すべしという世論が高まり、国会審議が開始され憲法解釈で白熱した議論が湧き上がった。

中国は北朝鮮の説得に奔走したが功を奏せず、圧倒的優勢のNATO軍、多国籍軍を前にして、全ての原子力潜水艦を母港に引き上げ、北朝鮮との国交を一時停止する。ロシアは沈黙を続けるが、こうした国際軍事力の強烈な圧力に耐えかねたイラン、北朝鮮は暴発、暴走することになる。そう、私が北朝鮮のミサイルで死ぬ時が訪れることになる。

現代戦争の姿

核ミサイル、誘導ミサイルが発達した現在、陸軍は有効性を失いつつあり、弾道ミサイル、空軍、海軍、衛星監視力の時代に入っている。旧イラク軍は4000両の戦車部隊を誇っていたが、それらは、対戦車誘導ミサイル、アパッチ、コブラ、A10攻撃戦闘機30ミリ機関砲などにより一夜で消滅した。これからは精密誘導ミサイルが主力となり、原子力発電所の保有数の多いことが弱点となる時代に突入していく。そこでフランスなどのEUは不利な立場となり、国土の広い中国、ロシア、アメリカ、インド、オーストラリアなどが優位となる。また原発の位置により防衛能力が査定される時代がくる。

一例として韓国を例にとれば、首都ソウルから離れた場所に6カ所、計24基の原発を稼働させている。一カ所に6基の原子炉を持つ霊光原発もある。韓国を攻撃する場合、極論では6発の精密誘導ミサイルだけで韓国全体をマヒさせ、強烈な放射線汚染で、韓国全土を人間の生存不能地に簡単に変えられる時代に突入している。

現代の軍事力は陸軍ではなく、精密誘導ミサイル、つまり原子力潜水艦及び戦略軍こと衛星の破壊力が真の軍事力であろう。地上や地下の核施設は破壊される運命にある。潜水艦を攻撃できるのは攻撃型潜水艦のみであり、ロシアは深度2000メートルという潜行能力を持つ原子力潜水艦を保有し、アメリカ原潜の最高深度900メートルから比較しても世界最大の軍事攻撃力であると言えよう。当然ながら海上からの機雷や対潜水艦ミサイルも、追尾、攻撃不可能である。それは、対潜水艦ミサイルの攻撃最大深度は1000メートル以内とされているからで、最後まで生き残るのは1200メートル以下の海底で攻撃退避できる原子力潜水艦となる。

前述したように原子力発電所は最大の弱点となる。わずか6発のミサイルで韓国を死の国にできることはすでにご説明した。別にミサイルでなくとも輸送機、民間機でも可能なことは容易に想像がつく。北朝鮮は今日にでも日本の都市を攻撃できる。日本の現防衛管理体制なら簡単に通常爆撃機、輸送機、民間機で攻撃が可能である。

２０１３年2月12日、北朝鮮の朝鮮中央通信は3回目となる地下核実験を成功裡に実施したと発表した。しかも、今回の核実験は核兵器の小型化と爆発力の強化を行ったと述べた。２０１４年内に北朝鮮は4度目の濃縮ウラン型原爆実験を予定しているとみられるが、小型化していない原爆は30発以上現有している。ということは、北朝鮮は爆撃機５機で一編隊を組み、それを5編隊、つまりたった２５機で日本の大都市を全て核攻撃できるのである。その一例をご紹介しよう。

北朝鮮の爆撃機が離陸時間をずらし、関東、中部、関西、福岡に近い防空識別圏（ＡＤＩＺ）に編隊で接近する。当然、日本の各航空基地から戦闘機が迎撃に出る。通常は２機で一編隊を組み、5分以内で離陸し防衛に向かう。防空識別圏付近で北朝鮮機に接近、そこでパイロットは朝鮮語と英語で「警告」を発する。その時、北朝鮮の爆撃機編隊が翼を左右にバンクしたと仮定しよう。この時点で国際法上、その編隊は亡命扱いとなる。

日本のパイロットがそれを確認した時点で攻撃できなくなる。防空司令所も当然撃墜命令は出せない。そこで防衛省、防衛大臣に判断を委ねる。防衛大臣は即、官房長官、そして首相の判断を仰ぐだろう。

日本の大都市に近い防空識別圏から突入した、表向きの亡命編隊は約20分で各都市上空に到達する。福岡などは8分以内だ。亡命の意志を示した航空機に対し「撃墜せよ」と即時命令を出せるだけの決断力、責任力を持つ政治家が皆無なのが日本である。また国際法と防衛システムの盲点であり、シビリアンコントロールのアキレス腱でもある。現在の日本では、亡命の意思表示をした他国の航空機、それがいかなる北朝鮮の航空機であろうとも、即座に攻撃命令を発する政治家は存在しない。ましてや、囮《おとり》として戦闘機が先に亡命意志を表示して時間を稼ぎ、民間輸送機に核爆弾を搭載して侵入するなどの作戦を取られては全くのお手上げである。5機編隊の5編隊同時ADIZ突入、しかも全機が亡命意志表示した場合、たった15分で全機撃墜を命じる判断力を持つシビリアン、政治家が存在するなら教えていただきたい。いかなる米軍、防衛省の制服組が優秀でも日本はシビリアンコントロールの国なのだ。日本の大都市防衛は、いとも簡単に突破され核爆弾の雨あられとなる。瞬く間に廃墟となった日本で、初めて「撃墜せよ」とどこかの地下で命令する政治家だらけの国なのかもしれない。防衛大臣、総理大臣の職責と瞬時判断、責任がいかに必要で大きいかだ。

日本の制服組はアメリカと共に、偵察衛星、レーダー網、イージス艦などの情報から、それらの動向を瞬時にキャッチする態勢、能力を持っている。アメリカとの共同監視システム、これは世界一の体制であろう。一方日本はシビリアンコントロール方式を採用している。つまり防衛に於ける重要な判断は全て防衛大臣、総理大臣が行う。防衛省に入った情報は、瞬時に防衛大臣に伝達される。さて、ここからが問題なのだ。防衛大臣はホットラインで官房長官に連絡する。決して携帯電話は使用しないはずだ。官房長官は総理大臣に連絡し、二人は会議を始める。一応緊急時には30分以内に集合できる場所にいることが規定されてはいる。

えっ、ノドンミサイルなら発射から9分で着弾するだろうに……である。

そこで官房長官と総理大臣の二人は話し合う。

「亡命を意志表示していますが、北朝鮮機ですので撃墜しましょうか」

「それは国際法上、違反行為だろう」

「では、どうしましょうか」

「もっと詳しい情報を待とう」

「防衛指揮所からは撃墜すべし、と緊急報告が入っています」

「北朝鮮機に不穏な動きが確認できたのかね」

「今、確認します」
「まっすぐ、福岡、大阪、京都、名古屋、東京に向かっているそうです」
「強制着陸誘導はどうなっているんだ」
「今、確認します」
「相手は5機で迎撃機は2機ですので強制誘導は困難な模様です」
「パトリオットは攻撃できる体制だろう」
「はい、発射、撃墜命令を出しましょうか」
「いや、亡命機の撃墜は国際法違反だし……」
「防衛大臣からの通信は消えたようです」
「もっと確認したまえ」

このような〝実りなき会議〟を〝小田原評定〟という。この会議は20分に及び、その5分前にはすでに日本の全都市は全て破壊されている。会議中にも東京市ヶ谷にある防衛省は原爆により消滅し、地下深い総理官邸の緊急対策室内の総理大臣、防衛大臣、官房長官などの防衛決定権者らがそれを知らされるのは、無駄な会議の終わり頃であろう。いくら軍事予算を数兆円計上し、最新軍事力体制を布こうとも、最後の重要決断者が民間の政治家である日本の現状はこの通りである。

他国の防衛体制をご紹介しよう。たとえばイスラエルの場合では、自国戦闘機が誤ってイスラエルの原発に接近した時も、他国の民間旅客機が接近した時も、イスラエル軍の現地管理者は躊躇せず対空ミサイルを即時発射して撃墜しているのだ。

福島原発事故直後、ノルウェー気象研究所は放射線拡散予想を直ちに世界に配信した。フランスは同事故後、防災対応システムが自動的に作動した。フランス原発は対空ミサイルで防御されているが、当然ながらフランスもイスラエルのような対応をするだろう。核施設に対する防御では、このような対応を即座に実行するシステムが確立し、確実に施行されているのである。ましてや国家防衛では、それ以上の瞬時対応が必要である。

日本では、中国潜水艦が潜航したまま日本領海内を航行、それを発見、追尾したのだが、それだけで終わらせている。他国防衛システムでは、即刻対潜水艦魚雷、対潜水艦ミサイルを発射しているだろう。日本人には一見非情に見えるが、日本は各国の自動防御システムをこそ国家防衛システムに組み込むべきである。そこには防衛大臣、官房長官、総理大臣の判断と「緊急会議招集」が介入する余地はない。北朝鮮から発射されたミサイルは9分という短時間で東京に飛来するのだ。9分とは、赤坂で緊急連絡を受けた首相が官邸の地下会議室に到着するのにも困難な時間であろう。たまたま全員が官邸にいたとしても、会議室で挨拶さえ済まない間に東京は灰となっている。最終決断者が民間政治家である日本の防衛体制の現状はこの通りである。

２０１４年1月現在、日本の総理大臣は安倍氏であり、麻生副総理、菅官房長官と政治体制としては戦後最強の指導者が揃っている。弱腰の民主党政権とは雲泥の差であるが、この最強管理体制をもってしても、亡命意志を表明している航空機に対し即座に撃墜命令を下せるだろうか。国際法を遵守、優先してしまう日本の政治慣例、慣習からは、やはり「できない」と判断せざるを得ない。

黙示録6番図

２０１６年6月11日、東京は晴れていた。

ＮＡＴＯ軍、多国籍軍、日米韓フィリピン軍による、イラン、北朝鮮への攻撃は一週間後と報道されていた。しかし日本は恒久の平和に包まれているようで、緊迫感は無い。私はいつも通り、仕事で横浜の郊外を走っていた。とは言っても多国籍軍や北朝鮮の動向から眼を離せない時期であり、通常通りナビをテレビモードにしている。それでも6月の晴れた清々しい空気を切ってドライブする気分は格別で、日本は平和そのものだった。しかし内心「そろそろ女房を実家の倉敷に避難させないと……」の思いはあった。日本では福岡、大阪、京都、名古屋、東京にパトリオットが、全イージス艦、潜水艦隊が日本海、東シナ海に配置され、北朝鮮の動向観測と反撃戦のために備えている。

各航空基地スクランブル体制は二機から二編隊四機体制になっているとのニュースは得ていた。しかしXディは一週間後である。結局日本の政治家は拉致問題はなんの解決もできずXディを迎える寂しさはあった。それでも三年前の総理大臣や防衛大臣とは比較にならないほど、精悍で機敏な政治体制、つまり最強のシビリアンコントロール体制が確立し、一応、安心できる日本になっている……、と思っていた。

それは突然やってきた。

２０１６年６月11日午前11時11分。

テレビニュースで急に緊張した声とテロップが流れ出した。

「北朝鮮、ミサイル発射か」

それに続き女性アナウンサーは緊張しながらもゆっくりと語った。

「一二分以内に東京に到着する模様」

「えええっ！　一二分後？　イージス艦のＳＭ３迎撃ミサイルは無力だったの！」

急いで側道に停車し車外に出た。ちょうど横浜の高台で、遠くに川崎、東京タワーが見

235U
6
ישראל

渡すことができる場所にいた。

その瞬間、品川上空で閃光が見えた。

「しまった！　女房を倉敷に帰すのが間に合わなかった」

そう思った瞬間、頭が真っ白になった。明らかに核爆発による閃光だ。直後、強烈な爆風を感じた瞬間、まっ暗闇となり一瞬だがクラクラと軽い目眩を感じたこと迄は記憶している。客観的に考えて、この瞬間に私は即死、身体は蒸発したのだろう。


イージス艦によるＳＩＭ３シーザーミサイル、パトリオットミサイルは発射されたのだろうか。

それだけが気がかりである。

２０１６年以降に、本書を読んでいるあなたには解っているだろう。しかし２０１４年の時空にいる私は何も知らないままである。私に理解できることは、東京が北朝鮮の核ミサイルにより攻撃された事実のみだ。大阪、京都、神戸、名古屋、福岡など、他の都市が無事だったのか否か。それに興味を持った私は、その夢を見た１９９２年以降から予知夢研究会を立ち上げ、いろいろと調べてみた。多くの予知夢能力者からの聞き取り調査により、少しは予想できるようになっていく。

２０１６年６月８日、横須賀で最終補給を完了したアメリカ第７艦隊は韓国済州島沖に向かい出航した。原子力空母ジョージ・ワシントン、ミサイル巡洋艦カウペンス、シャイロー、ミサイル駆逐艦６隻、原子力潜水艦、攻撃型原子力潜水艦、佐世保からは空母エセックス、揚陸艦12隻、掃海艇４隻と合流し、日本のイージス艦金剛、愛宕、韓国の世宗大王、広開土大王が第７艦隊の12カイリ外郭を囲む布陣で航行、防御旋回航行体制に入っていた。

北朝鮮上空には２０１１年12月、日本が種子島から打ち上げた偵察衛星３号、アメリカの監視衛星、韓国のアリラン偵察衛星により24時間の偵察、監視が行われていた。

早期警戒管制機ＡＷＡＣＳが日本海上空三万八千フィートで飛行、ホークアイ４機、日本のＰ３オライオンは北朝鮮から出航した潜水鑑を継続追尾しながら哨戒を続けていた。

陸上では38度線付近に韓国陸軍最新型戦車黒豹２５０両、ＫＩ４００両を集結、後方には１２００両を配置、玄武弾道ミサイル２５０基、後方に射程６００キロの玄武２を５６０基、巡航ミサイル６００基には北朝鮮軍事施設座標の入力を完了させ、完璧な攻撃、防御態勢を布き、動員陸軍は自走迫撃砲隊、自走榴弾砲隊、迫撃砲隊、自走バルカン砲隊など五万の軍隊が前線で北朝鮮軍と対峙、戦闘に入れば即、平壌を始め北朝鮮全土に進撃するために待機していた。またパトリオット迎撃ミサイル20基をソウル市内に配置、その他、重要施設に36基、38度付近の前線に15基、各基地内に中距離迎撃ミサイル25基、後方軍事施設には長距離弾道ミサイルを配置、イージス鑑搭載巡航ミサイルと合わせ、総数80基もの中・長距離攻撃ミサイル体制を布いている。この作戦コード名は「ハリネズミ」だ。

一方、米軍、自衛隊、韓国軍とも攻撃予定日を２０１６年６月18日とし、着々と準備を進めていた。

イラン攻撃にはＮＡＴＯ軍を中心とした多国籍軍の戦力はすさまじく、イギリス、フランス、アメリカ海軍の主力航空母艦が集結、多国籍陸軍はイラン、アゼルバイジャンに弾道ミサイル、巡航ミサイルを集結、対戦車攻撃戦闘機部隊、対戦車攻撃ヘリ部隊だけで２０００機を超す史上最大の軍事力が集結していた。戦闘参加国はアメリカ、イギリス、フランス、インド、スペイン、ノルウェー、スウェーデン、カナダ、オーストラリア、メキシコ、イスラエル、ポルトガル、オランダ、ベルギー、デンマークの15カ国であり、他の国は補給、後方支援を担当する空前の布陣となっていた。多国籍軍の対空ミサイル防御態勢は正に空前絶後、攻撃ミサイル総数を上回る６０００基以上の対空ミサイル迎撃網を海上、陸上ともに布き、開戦指定日を待っていた。

グリニッジ標準時間２０１６年６月11日午前３時00分、アメリカの監視衛星は北朝鮮北部で熱反応を感知、早期警戒管制機AWACSの空中指揮所から統合指揮所横田基地、韓国軍指揮所、第7艦隊指揮統制艦ブルーリッジに直ちに伝達された。その直後、おびただしい数の赤外線熱感知を偵察衛星がキャッチする。

早期警戒管制機AWACS機内から全指揮所に対し直ちに通報された。韓国防衛は韓国航空基地内の在韓アメリカ司令官が全権を持った。日本防衛は横田基地の統合指揮所に委任され、第7艦隊、海上自衛隊、韓国海軍、フィリピン海軍の総合指揮は第7艦隊旗艦に委譲された。

韓国防空監視レーダーシステムもほぼ同時に多数の飛翔体をキャッチ、直ちに分析され韓国に向けてのエコー数は30以上と算出、直ちに長距離迎撃ミサイル発射命令が出された。

横田統合指揮下の偵察監視航空機E2は膨大なエコーから日本軌道エコーを瞬時に算出、22の飛翔体を特定した。そのベクトルはデジタル表示され日本の防衛省にもオンラインで伝達されていた。韓国への着弾は3分以内と計算され、飛翔体監視レーダー画面には、おびただしいベクトル表示、デジタル情報がディスプレイに重なり始めた。韓国統合指揮所の大型スクリーンにも映し出されたが、すさまじい数のデジタル情報、ベクトルが湧き上がるように重なり判別不能に陥る。防衛管理バックアップシステムにより発射は自動的に「オートパス」モードに変更表示、その指示によりミサイル発射は全て現場指揮官に委託された。韓国では空中に上がっていく数十ものミサイル航跡を、避難していなかったソウル市民が唖然と見上げていた。その後も迎撃ミサイルは発射され、ソウルから見た北方はまるで白いカーテンに遮断されたようなミサイル航跡雲に覆われていた。

アメリカ第7艦隊、日本、韓国のイージス艦も飛翔体を捉え始めたが、日本のイージス艦内ではパニックが発生する。デジタル表示されたスクリーン情報とそのベクトル数が同じレーダー走査位置に溢れるように現れ、レーダーデジタル表示のあまりの異常さに操作員は混乱、判断、識別が不能となっていく。同時にレーダーによる自動照準追尾が過大負荷となったのか、迎撃ミサイルと連結した作動システムが停止状態となり、期待されたSM3迎撃ミサイルは結果的に1発も発射できなかった。これは第7艦隊艦船も同じでアメリカ、韓国、日本の全てのイージス艦の迎撃ミサイルは沈黙状態となる。3秒後、地上レーダーサイトでも飛翔体を捉えた。日本本土で最初に飛翔体を捕捉したのは、海栗島、脊振山、福江島の大型レーダーで、それはほぼ同時に横田統合本部内のスクリーン上に表示された。

横田統合本部内では地上配置のSIM3迎撃ミサイルの発射を決断、最初に対馬、壱岐、芦屋基地に配置していたSIM3迎撃ミサイルが次々とランチャーを離れていった。上昇していくミサイル航跡は福岡市内の公園で催されていたフラワーイベントを中継中のテレビ局カメラが偶然に捉え、その映像が全国に放映されることになる。大滝根山、佐渡、峯岡山、輪島、御前崎の防空レーダーは大阪、名古屋、京都、東京に向かう飛翔体を捉え、米子、伊丹、舞鶴、福知山、春日部、関東を守るためにＳＩＭ３中距離迎撃ミサイルが長野、富山、山梨、群馬などの配置場所から次々と発射され、日本の全テレビ局がその情報を伝え始めた。

防衛省の解析により7分後に飛翔体8基が東京に到達すると算出され、防衛省で指揮を執っていた防衛大臣に伝えられたのと同時に「福岡が被弾！」という幕僚からの報告が入った。省内は騒然、鳴り止まない電話、どよめき、詰めかけた報道陣への対応で混乱を極めていった。

防衛大臣は直ちに官房長官へホットラインで連絡するが、官房長官もカーテレビで緊急事態を知り、急いで総理官邸に向かう車中であった。車中より総理に連絡すると総理も総理官邸に向かう車中だったが、赤坂付近でも車両が緊急停止したり、側道に停車したりと混乱していた。東京から脱出しようとする避難車両も現れ始め公邸への進路は阻まれていた。

その時、市ヶ谷辺りからミサイル上昇の航跡が数本確認、同時に左右、前方にも上昇していく航跡雲が都内で観測される。

それは最後の砦、パトリオットが発射されたことを物語っていた。

２０１５年、日本は膨大な軍事予算をＳＩＭ３迎撃ミサイル購入に費やし、訓練を重ねてきた。その迎撃成功率は98％と報道され、パトリオットがいかなるミサイル攻撃でも使用されることはない、というテレビでの軍事評論家たちの発言に全員が安堵していた。しかも２０１２年北朝鮮のミサイル発射での追尾、監視指揮系統の不備は改善され、破壊措置命令の発令後には制服組が発射決定権を委ねられるようになっていた。そのミサイル破壊措置命令は、すでに２０１６年５月に発令されており、大部分の日本国民にとって安心できる防衛体制のはずだった。

多数の屋上監視、気象カメラは東京の６カ所から上昇する航跡雲を捉え、北朝鮮から何らかの飛翔体が発射か……？　とテレビでは緊急テロップ、緊急放送が映し出されていた。

各テレビ局、報道機関が、北朝鮮ミサイルが東京に向かっていることを知ったのが、午前11時7分、中継された航跡は2分以内の東京上空飛来を示し、直ちに緊急放送メモが出演アナウンサーに差し出された。

「2分以内に北朝鮮のミサイルが東京に着弾する見込みです」

大部分の東京都民は放送の意味が理解できないでいた。いつもの北朝鮮による威嚇発射程度と感じていた人が大半だった。上昇していくパトリオット迎撃ミサイルの航跡雲をオフィスから見つめていた人たちも、それは演習程度の感覚で、中には笑っている人も、「カッコイイ」とコーヒー片手に見つめている人もいた。

「2分後に東京に着弾するそうだ！」社内で誰かが叫んだ。

街中で叫んでいる人々がいる。その人たちを見て笑っている人もいる。

「福岡のテレビ中継が途絶えたそうだ！！」

「あと2分で東京が危ない！！！」

叫び声は増えていく。笑顔だった人たちもようやく真顔になっていく。

「北朝鮮のミサイルなんか絶対にうまく飛ばないから安心よ！」と女性の甲高い声が響いた。社内には一瞬微笑む人が増えたようだった。

新宿、東京都庁から埼玉上空に強烈な光が見えた。

同時に「グォーーーン」という地響きのような轟音を感じた。

それは群馬、山梨上空付近でのＳＩＭ３迎撃による北朝鮮ミサイル破壊音が東京に伝わったものだったが、窓ガラスがビリビリと小刻みに震えていた。その直後、品川、葛飾、新宿付近が光った。

晴れた東京の空、それは6月の太陽より明るかった。

２０１６年6月11日11時11分、東京に４つの太陽が輝いたのだ。

グリニッジ標準時間2016年6月11日3時2分、空中監視機、偵察衛星がイランからの発熱を赤外線で捉えた。直ちに分析され、発熱源のうち4ベクトルがイスラエル、3ベクトルがイラク、1ベクトルがアゼルバイジャンと解析表示された。合計8基のミサイル発射確認だ。直ちにイラク、アゼルバイジャンから中距離迎撃ミサイルが発射され、イスラエルからは長距離迎撃ミサイルが発射された。

空中監視機のレーダースクリーンからイラク、アゼルバイジャンのデジタル表示と方向、速度を示すベクトル表示は消えたが、イスラエルに向かう二つのベクトルは表示されたままとなっていた。

「迎撃に失敗したミサイル2基が、イスラエルに向かっている」

その頃、イスラエル防衛統合指揮所では中距離迎撃ミサイルの発射待機がすでに完了し、スクリーンを眺める多くの制服組には笑顔の者も出始めていた。

イスラエル軍の誇る中距離迎撃ミサイルの迎撃率には絶対の自信があったのだ。むしろスクリーンに映し出されたベクトル移動速度が鈍い、と感じるほどの軍幹部もいたほどである。やがてイスラエル着弾予定時刻の10分前となり、待機していた迎撃ミサイル発射キーは回されランチャーを勢いよく離れていった。

レーダースクリーンに新たな飛翔体デジタル情報と20ものベクトル表示が湧き上がっていた。

「な、なんだこれは」

「おい、これはパレスチナ方面からじゃないか」

「中距離ミサイルだ」

「いや、シリアからと算出された」

防空指揮所内には突然シリアからのミサイルらしき多数の飛翔体にざわめきが起こった。

「間に合わない、パトリオット部隊に緊急命令だ！！」

8分後にはネタニア、ハイファに爆発が起こるが、通常弾道の爆発だ。

ミサイルの到達前にパトリオットミサイルは、そのほとんどを撃墜し被害は少なかった。しかし、その一分後、イランより飛来する核弾頭搭載ミサイル2基の撃墜に失敗、それがエルサレム、カイサリアに原爆被害をもたらすことになる。この情報を受けペルシャ湾に潜行中のアメリカ原子力潜水艦、アメリカ本土からICBM5基が発射された。

シリアが電磁波攻撃によりイスラエルが誇る中距離迎撃ミサイル軌道を狂わせたとの調査結果が出たのはそれから一月も経過してからだった。

韓国では月城、古里、霊光の原子力発電所へ向けられた北朝鮮のノドンミサイルはかろうじて撃墜できたのだが、30以上のエコーを同時に捉えたため、指揮所は大混乱を引き起こし、短時間でソウルには25発のスカッドミサイル、ノドンミサイルを被弾、ソウル各地で大火災を引き起こしていた。蔚珍原発にある6つの原子炉に3発が命中、対処は不能となり緊急避難命令が出された。幸い核は使用されていなかったが、ソウル市内には黒煙が立ちこめ、救急車、消防車、警察車両が各地から急行していた。ソウル特別区9発、中区4発で北朝鮮の攻撃はこの2地区に集中していたが、江南、江東、九里、冠岳、高陽、恩平などソウルは至る所で黒煙が上がっている。ソウル市民の7割が南部に移動、避難していたため人的被害は最小限に留まったが、政治、経済的打撃は確認もできない状態に陥っていた。

北朝鮮から日本には10発の通常ノドンミサイルと12発の核弾頭テポドンミサイルが発射された。福岡2発、大阪4発、京都1発、名古屋3発の通常弾道ミサイルのうち、着弾したのは福岡1発、大阪1発の合計2発のみであった。

国内各地に配置していたSIM3中距離迎撃ミサイル、短距離パトリオット迎撃ミサイルによる防御力が効いたのだ。東京防衛では8発の核弾頭ミサイルは撃墜したが3発が防御網を突破した。しかし迎撃に成功したとはいえ8発の核ミサイル爆破により東京多摩地区、八王子地区、埼玉草加、浦和、川口地区には大量の放射性物質が降り注ぎ、東京周辺地域は壊滅状態となった。また1発は東京湾至近上空、または東京湾海面到達後に爆発したものとみられ、2メガトンの破壊力は巨大な津波を引き起こし、千葉、横須賀、横浜、川崎、東京湾横断道路アクアラインを崩壊させた。無論品川、羽田空港、晴海にも津波は押し寄せ、東京駅周辺に大型貨物船が打ち上げられる惨状となっていた。

韓国、日本、主に東京は北朝鮮による攻撃で大打撃を受ける。ミサイル防衛での20発、30発という飛翔体同時迎撃は想定されておらず、レーダー表示解析システムも20発以上の同時追尾、解析は不可能だった。特にイージス艦のＳＩＭ３中距離迎撃ミサイルは、複数の飛翔体に対しては無力が証明されることになる。レーダー画面表示システムもベクトル表示でも、20以上の同時表示となると、それらは重なり合い、全く判別できないことが分かった。表示されるデジタル情報は目標対象ごとの（距離、方位、各高角）情報だ。

ＳＩＭ３迎撃ミサイルシステムは同時追尾可能対象１００以上と宣伝され、理論上は２００対象まで追尾能力がある。軍事評論家もテレビでそう説明し、日本国民としては「期待の星」だった。一般の航空管制においてはアメリカ合衆国全体に飛びかう５０００以上の航空機を管理できる。これについては各航空機に搭載されたトランスポンダーに４桁の指定番号を割り当て、その運行会社、高度、速度をデジタル表示させ管制している。

イージス艦に於ける迎撃システムも、偵察衛星の熱源探査による情報をベースにフェイズドアレイ・レーダーにより捕捉される。それは航空管制機のシステムもほぼ同じであるが、狭い地域より30もの飛翔体が同時に発射された場合、イージス艦が発する捜索ビームは目標を探知、捕捉した一目標ごとに複数ビームを指向させ追尾させる設計に基づいているが、指向ビームが輻輳《ふくそう》、迎撃ミサイル捕捉システムへの指示情報の停止が原因となった。

狭いレーダー指向範囲に集中した20以上の捕捉目標で生じるシステム障害、デジタル表示オーバーラップ、迎撃システムへの伝達障害という弱点を突いて、北朝鮮は同時発射という作戦に出たのである。偵察衛星の赤外線探知能力は高く、その高性能が逆に20発、30発の熱源を同時に捉えた場合、〝一つの大熱源〟と受信してしまい解析が不可能となったのだ。これは航空指揮機のレーダーシステムでも同じであり、旧式エコー反射レーダーの方が20以上の同時飛翔体捕捉表示には有効だという皮肉な結果を生んだのだ。集中した飛翔体をデジタル表示するには20以上の複数ターゲットについては不可能であり、旧式の単純エコー表示、単純ドット表示の方が有効だったのだが、ミサイルシステムとの連動であり、いかなる技術革新をしようと、20、30ミサイル、特に今回の北朝鮮による50発以上ものミサイルを狭い地域から同時発射、という作戦には対処できなかった。つまり迎撃不可能だったのである。

有効性を示したのが地上大型レーダーで中部航空警戒管制、大滝根山警戒群、輪島、御前崎、笠取山、串本、西部航空警戒管制、高尾山などからもたらされたミサイル情報は中距離迎撃ミサイル、パトリオットによる迎撃を成功させた。しかし全ての目標は迎撃できず、前述の如く大被害を日本にもたらした。特に韓国では捕捉、ミサイル迎撃追尾にはあまりに短時間対応が必要で、しかも集中した30以上もの同時捕捉によりシステムは破綻、パニックを引き起こしたのである。

早期警戒管制機AWACS、ホークアイに於けるレーダー捕捉情報表示も同じ弱点が発覚、狭い範囲から30、50という同時攻撃ミサイルへの迎撃管理システムが全面的に見直されることになっていく。攻撃ミサイルの迎撃にはその対象ミサイルが上昇中、または頂点付近での迎撃爆破が有効であり、最も期待されていたイージス艦に搭載されたSM3迎撃ミサイルがシステム障害で1発たりとも発射できなかったことが日本に致命的大被害を与える原因となったのである。この東京、イスラエルの悲惨な状況を表しているのが第6番の黙示録図である。

黙示録7番図

グリニッジ標準時間2016年6月11日午前3時35分。ペルシャ湾、イラクなどに集結していたNATO多国籍軍の統合指揮は、インド西部600マイル、高度四万フィートを飛行している空中指揮機E4ナイトウォッチが担当、指揮に当たっていた。

イスラエルでの核ミサイル被弾、被爆情報により直ちに反撃命令が発せられた。統合指揮所より全弾道ミサイル、巡航ミサイル目標設定をイランからシリアに変更と指示が出され、イスラエルは座標入力を開始、シリア軍事施設照準作業に入った。アメリカ本土からICBMが発射、続いて原子力潜水艦からも2基発射された。多国籍軍からはイランに対して巡航ミサイルが発射され、初期入力済みの目標座標に向かった。巡航ミサイルはイギリス、フランス、ドイツ、スウェーデン、ノルウェー艦船が担当し、合計1600基が発射されることになる。イラク、アゼルバイジャンに配置された中距離弾道ミサイルも発射され、イランに残されたと予想されている生物化学兵器保管施設、地下ミサイル基地、移動ミサイル部隊、指揮所、空軍基地に向かった。

イランに於ける対空ミサイルの施設があるだろうと予想される地域を徹底破壊するため「核」が使用された。アメリカの原子力潜水艦から核弾道ミサイル、アメリカ本土からも発射されたのだ。その発射とほぼ同時、早期哨戒観測機はイラン各地から赤外線熱感知を捕捉、イラン国境沿いに配置された中距離迎撃ミサイルが各基地から無数の航跡を曳きながら上昇していった。

イラン海軍艦船に対しては、フランス、インド、スペイン、ノルウェー艦船と戦闘攻撃

239Pu
7
E PLURIBUS
UNUM
대한민국
7
239Pu

機が対応した。ＮＡＴＯ多国籍軍の後方支援部隊としてオマーン10隻、アラブ首長国連邦20隻、カタール３隻、サウジアラビア45隻の艦船がホルムズ海峡に集結、防御線を張り巡らしイラン艦船を阻止していた。

日本からはタンカー警護に護衛艦あぶくま、じんつう、いずも他６隻、潜水艦おやしお、いそしお他４隻が任務でペルシャ湾を航行、掃海艇15隻も同行していたが、掃海艇は急遽後方支援艦隊と合流、機雷掃海のため待機した。このためイラン海軍１２０の艦船はラバン島防衛に主力を結集させるも、多国籍軍の集中攻撃により85隻が沈没、20隻が大破、残る艦船も航行不能となった。

多国籍軍はフランス護衛艦シュヴァリエ・ポール他２隻、イギリス海軍は重巡洋鑑サフォーク他３隻、スペイン、オランダ艦船も小破する。すでに捕捉追尾していたイラン潜水艦に対しては、アメリカ攻撃原潜、対潜哨戒機、メキシコ艦隊から攻撃ミサイルが発射され水中破壊していた。早期警戒機はイランからの飛行体多数を捕捉､戦闘機と解析された。その数１２０機に及んだが、その後の追加捕捉はなく空軍基地、滑走路の爆破がステルス爆撃機による成功を示していた。すでに多国籍軍戦闘機３００機がイラン国境外で飛行し迎撃体制を布いている。

首都ソウルに大被害を受けた韓国は、すでに設定していた座標に対し、中距離弾道ミサイル、短距離ミサイル、計450発が各目標に向かって発射されていた。また日本、韓国、第7艦隊艦船から700基の巡航ミサイルが次々と発射されていく。北朝鮮軍事施設は全て探査済みで、座標は全て設定入力されており、その反撃は早い。グリニッジ標準時間2016年6月11日午前3時13分よりすでに反撃は開始されていたのだ。飛来する北朝鮮戦闘機は前線に配置した対空ミサイルにより攻撃、北朝鮮潜水艦にはすでに3カ国艦隊、オライオン哨戒機により攻撃は完了、北朝鮮潜水艦12隻はすでに破壊されていた。同時に2000に及ぶ北朝鮮戦車軍団が38度国境付近で捕捉され、対戦車ミサイル、各地基地から280機のアパッチ、第7艦隊のA―10戦闘攻撃機が待ち構えている。

日本のイージス艦から発射された巡航ミサイルへの命令は厚木統合本部から発せられた。この時航空自衛隊、海上自衛隊は「空軍」「海軍」として攻撃に加わった。車中で被爆したであろう官房長官、首相官邸に入った直後の総理大臣、防衛省、防衛大臣、関東在住の政治家はもはや存在が確認されていなかった。このため厚木統合本部から日本政府、防衛省の暫定組織として指揮命令が下されていたが、地中深くの厚木統合本部への放射線汚染被害が懸念されるようになった。直ちに同じ監視情報システムを備えている九州、築城基地に全指揮権が委譲され、日本の軍事行動命令は全て築城基地内の地下から発せられることになった。

一方、暫定日本政府、暫定首都を大阪に移すことを大阪府知事はテレビで日本国民に呼びかけた。東京は消え去っていたが北東京、茨城、群馬、山梨、長野、栃木にはSIM3中距離迎撃ミサイルやパトリオット・ミサイルにより迎撃破壊された北朝鮮核ミサイルから放出された大量の放射性物質が降り注ぎ、避難する住民と車で大混乱に陥っていた。東京に集中していたテレビ局、新聞社の全てが消え去り、東京タワー、スカイツリーも折れ曲がり大破、放射線性電磁波障害により携帯電話、インターネットも使用不能となっていた。関東全域は無情報地域となり、唯一の情報源は仙台、石川、富山からのラジオ電波、海外からの放送だけだったが雑音が酷く使い物にならない。

築城統合本部の命令で日本中の戦闘機の全てが中国、ロシアへの対処のため、非常待機に入っている。沖縄嘉手納基地、グァム、サイパンから支援戦闘機、空中監視警戒機、対潜水艦攻撃機がアメリカ本土の支援命令で日本の防衛に当たり、中国、ロシアを牽制するために離陸している。また、アラスカ付近で通常警戒任務についていた空母ロナルド・レーガン護衛艦5隻を日本海に向けて出航させていた。

日本海軍はそれらの支援に護衛艦あぶくま、むらさめをはじめ6隻を配置しミサイル艦はやぶさを先鋒とした。NATO多国籍連合軍と圧倒的軍事力、第7艦隊、韓国、日本の総力軍事力による反撃でイラン、北朝鮮は崩壊する。

２０１６年６月14日にはＮＡＴＯ多国籍軍は制空権を確保していた。これはイラン対空ミサイル配置予想地区に使用した小型核爆弾による効果だったが、これによりＮＡＴＯ多国籍軍はイランへの地上部隊進行は中止し、対地ミサイル、航空機による攻撃に絞って人的被害を最小限に抑えたのだ。イランが誇った対空ミサイルは破壊され、アパッチ、コブラ、戦闘攻撃機Ａ10がイラク同様、イラン戦車部隊を３日で破壊、その総数は１１００両に及んだ。イラン戦闘機のほとんどは航空基地を飛び立つこともなく破壊され、なんとか飛び立った１２０機は対空ミサイルで、残りの戦闘機は、アメリカ、イギリス、フランス戦闘機により撃墜され、イランは全ての兵力を失った。北朝鮮の戦車隊も同様で、早期に制空権を失った北朝鮮戦車部隊１５００両は破壊され、膨大なスクラップが北朝鮮38度線付近に放置された。韓国戦闘機、戦闘攻撃機により、爆撃から逃れた北朝鮮の軍事施設、軍事車両、兵器は一つ一つ破壊されていった。

アメリカ第７艦隊の戦闘機は韓国機を警備、中国国境付近を飛行し中国を牽制し続けた。

２０１６年６月18日、三十万人を集結させた韓国陸軍は北朝鮮に進攻したが、抵抗らしきものはなく、残った北朝鮮残留兵士は白旗を掲げて韓国軍を迎えた。これに対しては韓国軍武装ヘリＡＨコブラ60機を先駆けに配置、ＵＨ60ブラックホーク１８０機も動員された。第7艦隊からはＳＨシーホーク20機に海兵隊が搭乗し、作戦に参加、韓国米軍基地からは、一万人の海兵隊員が参加、ブラックホーク１３０機、物資輸送用ＵＨが使用され２３０機が物資補給を担当した。北朝鮮に侵攻した韓国陸軍は二万人を動員し、膨大な北朝鮮戦車残骸を大型ブルドーザー、クレーン工作部隊により排除し、後方からＫ型８００両戦車、その後方に最新戦車Ｋ2を２００両侵攻させた。その戦車には六〇万の歩兵部隊が警護に当たっての進攻であり、一月で中国国境に到達し、無傷の義州空軍基地を確保、これを対中国最前空軍基地として使用、韓国戦闘機Ｆ16を１２０機配置することになる。陸軍二〇万人、戦車など韓国軍の40％に当たる軍事力を中国国境付近配置、その他破壊した空軍基地、軍事拠点を整備し、在韓アメリカ軍も二地点に拠点を置く。投降した北朝鮮軍二五万人を国境施設に分散配置、その膨大な軍事維持費を西側諸国はＩＭＦを通じ支援、日本も資金を拠出し、投降兵教育、建設機械技術、農業技術を教育、食糧支援は直ちに世界から集められ旧北朝鮮人民の救済に当てられた。国連承認を経て韓国は北朝鮮を統合し統一国家となる。

２０１６年6月20日、イランは同じく国連承認を経てアメリカ、フランス、イギリスの三国分割統治に割り当てられた。中国は激しく抵抗し常任理事国、国連脱退に至る。ロシアは国連決議に賛成し、西側諸国と急速に接近、経済発展をさらに成し遂げる。西側諸国はロシア原油パイプラインを韓国内に通し、プサン港横に巨大港を建設、ロシア原油を獲得する。

これが第七番の黙示録図をフィクションとして描いたものだ。

さて、即死かつ蒸発しただろう私自身の話に戻るが、なんと私は生きていたのだ。生きていたことは間違いないが、肉体はたぶん無かったのだろう。しかし肉体があるような感じはしていた。私は隣にいる女性に支えられ、宇宙から地球を見つめていた。そこにアメリカの報復ICBMがイランに撃ち込まれ、きのこ雲の隆起が見えたのだ。

「まだ戦争をやっている……」

それは一瞬の思考で、それ以外には感傷も何も無く、同じく蒸発したであろう女房のことも日本のことも考えることはなかった。今考えるととても不思議なことだが、雲に覆われた地球の一地域、その一部での雲の隆起だけを見て、アメリカの報復ICBM、かつ被弾先がイランだと瞬時に理解していた。

「さあ、行きましょう」私を支えている女性が言った。

私は何の疑問も抵抗もなく、その女性と共に地球を離れ宇宙に飛び立ったのである。地球を見ている時、私の身体はあり、宇宙に浮かんでいた。もちろん隣の女性もそうだ。宇宙服も宇宙船もなく身体だけが宇宙に浮かび地球を見ていた。ただ身体があった気はするが、脚や下半身を実際に目で見た記憶はない。今想像すると魂だけの状態だったのかもしれない。いや、当然そうだ。ではその後どこに向かって行ったのか、それは金星だ。硫酸の厚い雲、海底900メートルに相当する90気圧、かつ平均気温が400度という「あの金星」にである。これを文章にするには今でも抵抗があり躊躇したのだが、そのまま書いてみた。金星に向かう途中、地球をもう一度見たくなり振り向いた。その時、赤い雲に覆われた地球を見たのを最後に、私のその夢は終わった。死後、魂となった私が最後に見た地球なのだが、北極、南極以外は厚い雲に覆われていた。遠くから見た厚い雲は大量の放射線が影響したのか、まるで夕日のように赤い不気味な色彩雲が地球を覆っていたが、あの厚い雲は地球の気候に極端な寒冷化を及ぼすように感じられてならない。また放射線を含んだ大気は全世界に拡散していくだろう。ちょうどヒロシマやフクシマ、また北朝鮮による核攻撃で汚染された日本の状態が全世界に浸透していくのだろう。

1992年、私の見た予知夢だが、私は同じような夢を見た人がいないかを知りたくて予知夢研究会を発足させ調査した。会員は2000名以上となり、その調査は1993年～2010年に亘るものだった。その調査により5名の人たちが私と同じ夢を見ていたことが判明する。

一人目はオーストラリア在住の女性で、日本が北朝鮮の核ミサイル攻撃を受けた様子をテレビで知る、という夢である。テレビを見ている未来の自分にアクセスする予知夢例は意外と多い。この女性の予測では2016年5月頃の予知夢だろうと言う。根拠としてメルボルンの実家のような場所で見たらしい。現在彼女は別の都市で勤務しているが、将来は故郷に帰る予定。

二人目は私と同じ横浜に住む女性で、横浜市内で被爆し死亡するという夢だ。その予想時期は2016年7月頃と言う。根拠として平日に買い物をしていたらしく、会社勤務中ではなかったと言う。現在、彼女は海運会社で働いている。

三人目は日本の北の街、盛岡の男性だ。この男性は建設会社勤務で転勤により盛岡に赴任。その盛岡で東京の被爆を知る。東京に核ミサイルが爆発して約一ヶ月後、東京の知人安否確認で危険を承知で訪れるのだが、がれきなどの撤去はされておらず至るところで葬儀らしき様子が見られたという。現在は東京勤務であり、転勤命令はまだ受け取っていない。予想発生時期は2017年10月頃だろうという。

四人目は日本の西部の街、島根県に住む女性である。この女性は場所は不明だが核ミサイルで死亡し真っ赤な地球を見たという。発生予想時期は2018年頃。年次推定としての根拠は死亡時、たぶん結婚していたらしい感じだったたと言う。現在は独身。

五人目は東京に住む女性。ビルの窓から東京の被爆を見た直後死亡、その後東京湾に大波が押し寄せ中心部、東京湾横断道路（アクアライン）が崩れ去る様子を空中から見た、と言う。予想推定時期は２０１７年初夏。


ご紹介した5名の予知夢能力は高く、信憑性のある報告である。ただ発生時期の特定は難しく、5名ともバラバラの発生予想年月となっている。

これらを総合して検討すれば、地球はある程度放射線に汚染されるが、それは一部地域のようである。たとえば南半球のオーストラリアでは影響が見られない。日本という狭い国土の北部にある盛岡市の男性も事件後の一月後でも健康に生活し、東京に車で入れたと言う。これらの情報から推測するに、私の見た予知夢とは違って、破壊されるのは東京に限定されるのだろう。もちろん日本には大阪、京都、神戸、名古屋、福岡という大都市がある。

北朝鮮は多くの在日朝鮮人の住む大阪を標的から外し、全ての核ミサイルを東京に集中したのかもしれない。もちろんアメリカ、韓国、日本の軍隊によりその報復は徹底してなされ北朝鮮は消滅するだろうし、アメリカの報復核ミサイルの攻撃を受けたイランも西側諸国により管理されるようになる。

この戦争により北朝鮮は韓国の統治下に入り、日本は軍備をより拡大し、アメリカ、韓国、台湾、フィリピン、インドと共に、強い中国包囲網を布くと予想できる。ロシアは西側諸国との貿易重視となり中立的立場を貫くだろう。そうなれば中国は孤立し、世界は中国の軍備縮小への圧力に舵取りしていくだろう。

中国はなぜ世界から嫌われ、信用されないのか。現在中国はベトナムに圧力を加えている。ベトナムと中国による南シナ海の領有権争いが激化しているのだ。ベトナムは、南シナ海という現在の呼び名を「東南アジア海」に変えようと各国や国際機関に働きかける署名運動を展開、支持を広げている。

フィリピンも別の案を考えている。「この海が南シナ海と呼ばれる限り、その名称が含まれる国（シナ＝中国）のものだというメッセージが無意識に伝わる恐れがある」、「我々フィリピン人はここを西フィリピン海と呼ぶべきだ」と主張し始める。領有権に関しては、名前が重要な意味を持つと考える人が増えている。石油や天然ガス、鉱物資源が豊富にあると思われるスプラトリー諸島及びパラセル群島は、中国と南シナ海周辺諸国の間で起きている領有権争いの中心地である。ここも中国では南沙諸島及び西沙群島と呼ばれているし、ベトナムも独自の呼称を持つ。だが、さらに潜在的にはアメリカまで含んだ国々の間で高まっている緊張を考えれば、呼称は表面的な問題でしかない。ベトナムはこの海域での調査活動中に中国船から攻撃的な妨害活動を受けたとし、軍備拡張に乗り出していく。ベトナムでは、これまで見られなかったような市民による反中国抗議デモが盛り上がっている。また、フィリピンの政治家たちは、中国による「弱いものいじめ」に対抗すべく、中国産製品の全国的な不買運動を呼びかけていくようになる。

新たな標的「中国」

ここまでの流れはアメリカのブッシュ大統領が名指しした悪の枢軸、イラン、イラク、北朝鮮は消滅、崩壊する未来展開となった。さて、これで世界から戦争は無くなるのだろうか。少しは平和が訪れるのだろうか。

ある人は「戦争とは経済システム維持に組み込まれた必要不可欠な一要素だ」と分析し、またある人は「軍事産業が戦争を意図的に作り出し永遠に戦争が無くなることはない」と考えている。イギリスのデイヴィッド・アイク氏はイギリスの著述家だが、彼の著書「大いなる秘密」（2000年　三交社）で、爬虫人類とそのハイブリット家系の連合体ロスチャイルド、ロックフェラー、イルミナティによる陰謀で戦争は計画され実行されていると述べる。経済維持システムだろうが、陰謀システムであろうが戦争は必要不可欠の要素には変わりない。つまり「戦争はなくならない」のである。ではイラン、北朝鮮後に「経済蘇生要素」の一番強い戦争とは何であろう。

軍事産業的経済効果が最も期待される戦争は対「中国」となる。アイク氏的に言えばレプティアンにとって中国が一番陰謀に利用しやすい。中国ほど陰謀に適した国は考えられない。つまり弱点の多い国ということであろう。

チベット侵攻、ベトナム侵攻やハッカー行為、権利侵害、人権侵害など負のイメージの強い国である。北朝鮮、ロシア、モンゴル、カザフスタン、キルギス、タジキスタン、アフガニスタン、パキスタン、インド、ネパール、ブータン、ミャンマー、ラオス、ベトナムと隣接し黄海や東シナ海を挟んで日本や韓国とも近く最多国境を有する国である。ここで、チベット、東トルキスタンが抜けているが、チベットはもちろん一つの国家であったが現在はインドに亡命政府を布いている。

1950年、中国は突如チベットに侵攻した。武力を持たないチベット人が1950年～1979年の約30年間に中国側に殺されたその数、なんと百二十万人に達する。このような残虐な国家は他に類を見ない。チベットの悲劇は1950年、中国が侵攻し、チベット全域を自国に併合した時に始まる。

ダライラマ14世はその後に発生したチベット動乱後にインド北部ダラムシャーラーのガンデンポタンの地にチベット亡命政府を樹立した。中国はチベットに眠るレアメタル、石油を狙って侵攻したと考えられているが、他にもジルコン、クローム、金紅石、マンガン、コバルト、チタンなどの豊富な埋蔵量を有する国だった。この侵攻により多くの仏教徒が反中国感情を抱くようになる。

それは隣接するモンゴルも同じである。レアメタルや地下資源が豊富なモンゴルに目をつけた中国は南モンゴルに侵攻し、学者やエリート、指導者層を六万人、南モンゴル全体で七十万人を殺害し現在も占領している。

東トルキスタンも同じで、1949年侵攻した中国は現在も占領し、その国を核廃棄場所に利用している。これがウイグル問題だ。東トルキスタンに侵攻した中国は指導者層を数万人殺害し、占領したこの国で45回の核実験とその核廃棄物を投棄している。

中国は自国と接する国は利用価値があると分かったとたん侵攻、占領している。チベット、モンゴルは地下資源、東トルキスタンは核実験場とゴミ捨て場として利用するためである。隣接する国々は、武装が弱ければ侵攻されるので防御方法は武装強化しかない。突然侵攻されたベトナムも同じだ。中国が支援していたポル・ポトのクメール・ルージュ政権は、カンボジアで大量虐殺（百万人とも言われている）を行っていたが、ベトナムによるカンボジアへの大規模な侵入と占領はこれを終わらせた。この占領に、カンボジアの友好国だった中国は「懲罰行為」と称し、1979年ベトナムに五十万人という軍の侵攻を開始した。中国は、人海戦術によりベトナムを圧倒しようとしたが、長期の〝ベトナム戦争〟（アメリカを相手）により戦闘慣れしており、さらにソビエト連邦から最新鋭の兵器を支援されていたベトナム軍相手に莫大な損害を出し、1ヶ月足らずで撤退した。これに懲りた中国は最新武器を集めることを始め、現在に至っている。最新武器で武装し自信を持ったのかベトナムに対し再び活動を再開する。

2011年 南シナ海で調査活動を行っていたベトナムの探査船が中国監視船の妨害を受け、南シナ海領有をめぐり中国とベトナムの緊張が高まっている。ラオスの天然資源に目をつけた中国は今度は資金でラオスを占領しようとしている。金、銅、鉄、カリウム、ボーキサイトなど中国が必要とする資源の開発に資金が充てられている。

台湾も同じくだ。1958年中国は台湾の金門島に突然砲撃を開始、同時に戦車などを上陸させる揚陸鑑で上陸、侵攻する。その砲撃はすさまじく2時間で四万発発射、島に駐屯していた多数の台湾兵が死亡した。直ちに台湾本土から海軍が金門島に向かうが、中国は水雷艇等による魚雷で攻撃、台湾の軍艦10隻が沈没した。アメリカ政府は第7艦隊を台湾海峡周辺に派遣し、台湾軍への物資補給を支援すると共に、空軍、海兵隊、陸軍の3軍により中国軍を阻止、さらにロッキードF104戦闘機などを台湾に派遣して対中国圧力で支援、台湾軍は補給できた榴弾砲で対岸の中国軍基地に反撃、ようやく中国は侵攻を諦めたのである。この金門島は香港から十数キロしか離れていない台湾の島であり、中国にとっては喉元のトゲであり、台湾にとっては防衛の最前線の位置にある。中国がこの地を攻撃のため発射した総砲弾数は四十七万発にのぼり、その金属破片量は膨大で、現在でもそれを利用し包丁が作られ島の名物となっているほどだ。

中国包囲網の一環として、国連は正式国家として台湾を承認するだろう。2014年現在の台湾承認はパラグアイ共和国、パラオ共和国、バチカン市国、ツバル、マーシャル諸島共和国、ソロモン諸島、キリバス共和国、ナウル共和国、セントルシア、グアテマラ共和国、ベリーズ、エルサルバドル共和国、ハイチ共和国、ニカラグア共和国、ドミニカ共和国、ホンジュラス共和国、パナマ共和国、セントクリストファー・ネイヴィス、ブルキナファソ、スワジランド王国、ガンビア共和国、セントビンセント、グレナディーン諸島、サントメ・プリンシペ民主共和国の23カ国でしかない。しかし、韓国、日本、アメリカ、フィリピン、インド、ベトナム、イギリス、フランス、イタリア、ドイツ、カナダ、オーストラリアと承認国が次々と続き、これに伴いアメリカは台湾と正式な安全保障協定を結び、最新兵器の輸出を開始して台湾の防衛力を強化していくだろう。

一方、中国はミャンマーには経済侵攻策をとる。しかしインド防衛にとってはインド洋への中国侵攻は何としても避けたい。ミャンマーは地理的に中国がインド洋に進出する重要な土地となる。ミャンマーは今後インド、西側諸国と中国間の熾烈な争奪戦国家になるだろう。ミャンマー政府は２０１１年１月に「ミャンマー経済特区法」を制定し、外国資本の誘致を進めている。南部のダウェイを初の経済特区に指定し、工業団地、港、発電所などを整備。２０１１年12月に、米・クリントン国務長官がミャンマー入りした。経済制裁時、投資に二の足を踏んでいた日本からも外相、経産相が訪問し経済関係強化に乗り出した。ミャンマー政府は、中国が建設を請け負っていたダムの開発を中止するなど、中国一辺倒になることを避け、欧米各国、日本などとのバランスを取ろうとしている。

インドも同じで１９５９年、中国軍による突然の侵攻を受ける。インドはまさか中国が突然侵攻してくるとは予想もしてなかった、建国を宣言しても、世界からは無視されていた中国を最初に承認した友邦国であるインドを侵略するとは考えてもいなかったのだ。まさか、つい先日の恩を仇で返すような邪悪な国であろうとは想像もしていなかったのである。中国軍はインド北東部の州であるシッキム州に侵攻し、シッキム王国の住民を殺害、インド国内を大軍で攻撃したのだ。インドはこの事件に大きなショックを受け、目を覚ます必要性を認識し、愚行の極地であった友愛政治を一掃することになる。中国はインド領の一部を占領したまま現在に至っている。ソ連が介入して中国の侵攻をストップさせたのだが、中国はこの侵略戦争によりインドからチベットへ通じる主要幹線道などを含む地域の占拠に成功する。インドはこの突然の侵攻に防御できなかったことへの反省で、今日の軍事力を保有するようになった。

中国は国境を接する武力の弱い国々へは侵攻、占領してきたことを述べてきたが、これらの問題は即、対中国への戦争動機になるものばかりである。中国の突然の武力侵攻を阻止できたのはベトナムと台湾だけであり、武力のなかったチベットは、ほぼ無抵抗なまま虐殺、占領された。

南モンゴルもチベットと同じだが、一番悲惨なのが東トルキスタンで、虐殺、占領後、核実験場となり、ウイグル民族は45回もの核実験による激しい放射線汚染で永久的被曝を押しつけられている。このウイグル問題やウイグル人救済については、各国とも容易に派兵できないほどの放射線量汚染で、国連や多国籍軍でも手の施しようがない、というのが現実だ。

「中国」このように非道で身勝手な国家は類を見ない。これを後押しするのが、中国の国連常任理事国という立場であろう。NATO多国籍軍はやがて国連から中国を追い出すか、国連決議方法の再考に乗り出すだろう。

2014年1月現在でも、チベット、南モンゴル、東トルキスタンは苦痛の悲鳴を上げ続け救済を求め続けている。これは軍事産業、陰謀組織から見れば、中国ほど戦争を始めやすい国はない、となる。

中国が軍備を強化すればするほど都合が良いのである。ざっと考えただけでも日本、韓国、台湾、フィリピン、ベトナム、タイ、インド、チベット、モンゴルの武装強化が必要となる。軍事産業的には中国が脅威を感じるくらい武器が売れる訳だ。

大陰謀組織にとっては「太るだけ太らせてから殺す（食べる）」となる。

カザフスタン、キルギス、タジキスタン、アフガニスタン、パキスタン、ミャンマー、ネパールも武器強化を強く奨められるだろう。

中国の軍事力だが、ロシア製のSU27及びSU30の導入、及び国産戦闘機の量産で約

400機、海軍は駆逐艦29隻、フリゲート45隻、弾道ミサイル搭載原子力潜水艦3隻、攻撃型原子力潜水艦3隻、商型原子力潜水艦2隻、通常動力型潜水艦61隻となっている。

かつて中国は航空母艦を持とうとした。狙いをつけたのが旧ソ連で建造された空母ヴァリャーグである。ソ連から購入したウクライナは本艦をスクラップとして二千万ドルで売却する意向を示し、マカオの「中国系民間会社」である創律集団旅遊娯楽公司に1998年譲渡した。目的は「中国本国で海上カジノとして使用する予定」とされていたが、この会社の社長である徐増平は中国軍の退役軍人だった。ボスポラス海峡、ダーダネルス海峡を動力装置の無い大型艦が曳航されて通過するのは危険であること、見かけが航空母艦であり、空母の海峡通過を禁じたモントルー条約に抵触することから、トルコ政府は海峡通過に難色を示した。中国側がトルコへの観光客増加を約束するという政治的折衝で妥協し、2001年、ようやく中国本国に回航された。そして2002年大連港に入港し、西区4号埠頭に係留された。このようにウクライナ、トルコを騙して中国は空母を手に入れたのだ。2010年3月、ドックから同集団所属の大連港の三十万トン級の艤装埠頭へ移動し、本格的に艤装し、2011年8月3日には完成式典が行われ、中国は空母を初めて保有したのである。

中国はまた、米海軍に後れをとらないため、空母を粉砕できる対艦弾道ミサイルの開発に取り組んでいる。第五世代ステルス戦闘機の試験飛行も行っている。現在空母保有国は、アメリカ、ロシア、フランス、タイ、イギリス、イタリア、スペイン、インド、ブラジルであり、中国は10番目となった。中国の保有した空母はカタパルト（航空機射出装置）はなく、そのため滑走路が不要なＶＴＯＬ機、ＳＴＯＬ機の保有が必要となるが、それらを中国が保有、開発している情報はない。イタリア、スペイン、イギリス、アメリカが保有しているに留まっている。この中国の空母保有に関して西側は問題視していない。垂直離発着できる戦闘機を持たない空母では使い道がないからである。また空母は護衛艦隊との運用システムが一番のポイントであり、この空母実戦運用のソフト、ノウハウは10年そこらでは手に入れることはできないほど高度なシステムなのである。

映画でよく見る、空母からの発進シーンに登場するカタパルト技術も重要で、中国はその機密を盗むべくハッカーやスパイ行為で得ようとしているが、まだ入手できていないと判断される。今回購入した空母の大改造でもカタパルトシステムは導入できなかったのである。現在、中国は新規に空母2隻を建造中だ。この空母にはカタパルトが装備される。リニア技術を持った中国はリニア式カタパルトを研究しているがそれは現在アメリカ、イギリスだけが持つ高度システム装置であり、開発には2年はかかると考えられる。つまり、中国が空母を保有しても、ハード、ソフト面の両方を考え合わせると最短12年後に戦力として加算されるものでしかない。

軍事産業であれ、陰の組織であれ、中国との緊張増大作戦及び戦争はとっくに計画に入っている。中国と接するどの国の問題を上げても戦争を開始できる動機、正当性を持たせることは簡単だが、最も世界の戦争意欲を鼓舞しやすいのが台湾である。台湾を攻撃させ、世界連合国による中国制裁戦争という形が理想だ。台湾の軍事力はF16戦闘機150機、ミラージュ2000戦闘機60機、F15戦闘機100機、艦船隻数330隻、潜水艦4、駆逐艦4、フリゲート22、ミサイル艇70。その他対空ミサイルであり、航空戦力は中国と互角である。これに対し中国は大型揚陸艦を多数建造して圧倒的陸軍力で台湾を占領する計画だ。ミサイル戦争では台湾は不利である。4カ所の原発が首都台北の近くにあり防御的に厳しいし多大な被害が予測される。原発は台南にもあり、放射線汚染から免れるのは台中のみで、国土が広い中国と比較すれば不利なことは否めない。福島第一原発事故以降、台湾は脱原発の道を歩み始めている。

ここにきて放射線汚染の恐ろしさが世界に浸透し始めているようだ。いかなる平和を目指しても世界経済維持には戦争が必要であり次々に作り出される。これは一国の意志ではどうにもできない闇世界の意志であり、まさに陰謀である。また願望であり目的でもある。北朝鮮、イランの次は間違いなく中国が標的になる。それは、中国が隣接諸国にしてきた侵略、暴力、脅迫、略奪、殺戮への報復でもある。中国は太るだけ太らされている「養豚」なのだ。中国自身、それを北朝鮮、イラン崩壊後に気づくだろう。中国が侵攻し占領した隣接諸国がそのまま中国包囲網に入るのだ。世界はその包囲網作りに確実に動き始めている。

中国という国は実に不思議な国である。サイバーテロ、ハッカー行為、商標侵害、権利侵害、技術盗用など毎日のようにその犯罪行為は報道されている。世界レベルのアップル商標、アイパッド商標権の主張は有名だが、ありとあらゆる国の権利、企業権を侵害し、日本も多大な被害に遭っている。そんな感覚でチベット、南モンゴル、東トルキスタン、ベトナム、台湾、インドに侵攻、占領するのだから侵攻された国民は正に悲劇で、中国は「ならずもの国家」の見本と言える。

インドに中国全土を攻撃できるほどの核弾道ミサイルを保有させたのはパキスタンではなく中国である。日本、台湾、インド、アメリカ、イギリス、ドイツ、フランス、イタリア、スペイン、カナダ、ブラジル、オーストラリア、タイ、ベトナム、フィリピン……。2014年1月現在、水面下で多国籍軍の中国包囲網が布かれつつある。中国は世界軍事産業連合、イルミナティなど陰の支配組織から狙われる日が確実に来る。これぞ因果応報。それはチベット、南モンゴル、東トルキスタンの怨念、怨霊でもある。

中国制裁戦争

２０１６年、北朝鮮は崩壊し韓国が統一国家とした（前述）。
２０１７年、アメリカ、イギリス、フランス三カ国により分割統治されていたイランは、国民投票を経て、再建への道を歩み出した。ここからは、その後、つまり２０１７年という時代からスタートしよう。

２０１７年8月、ロシアからの原油は、ウラジオストック、韓国のチョンジン（清津）を経て、キムチエク（金策）港で各国タンカーに積み込まれていた。この原油は日本にも輸出され新潟に大型タンカーにより運送、海上輸送コストは大幅に削減された。ガソリン価格は安くなり、東京を失った日本だが、海外支援と国内需要増により少し活気が戻りつつあった。

２０１７年、日本は大和斑鳩《いかるが》の地を首都地と選定し、地域一帯を整備、飛鳥の地に新国会議事堂を中心とした新首都計画を作成した。暫定首都は大阪に置かれ、大阪府庁内で国政を行い、２０１８年には全国選挙も実施、全国４００名での一院制暫定国政作りを進めていた。元存在していた東京駅付近を中心に、半径６０キロメートルは立ち入り禁止地域となり、今後50年の自然放置と決定され、完全に東京は再建計画から外されている。この決定を下したのは暫定総理大臣、旧大阪府知事で、強いリーダーシップで日本の復興に立ち向かっていた。

自衛隊は日本国軍と改名され、軍事力をますます増強していた。日本国民の中国への反感は強く、仮想敵国として中国を防衛白書で指定、対中国防衛に主眼が置かれるようになった。

2018年、総選挙で400名の議員が選出され、正式な国会運営が旧大阪府会議室で開始、再建計画と予算が話し合われた。北朝鮮に攻撃され首都東京を失った日本人の心に、北朝鮮を背後で操った中国に対する怒りが渦巻き、その怒りは台湾の国家承認と正式国交に向かっていく。

日本では台湾を独立国とする承認議案が提出され賛成多数で可決する。これに反発した中国は、日本との国交を停止、ますます反中国感情が日本中に高まっていった。国の後押しで日本企業はモンゴルとの貿易を推進、レアメタルのほとんどを買い付ける契約を締結、モンゴルとの交流が急激に増加していく。それに伴い、南モンゴルを中国から解放させようとの運動、世論が強まっていく。

2019年、欧州各国、EU加盟国、アメリカもモンゴルに進出した。イラク戦争へのモンゴル派兵を称える、という名目で安全保障協定を樹立、同時にＮＡＴＯ軍、アメリカ軍を常駐させるようになる。駐留軍には日本も参加、日本からは五千人の軍隊を派兵し、アメリカ軍と合流。やがてモンゴルには最新兵器が配置されるようになる。

２０２０年、西側世界は、東トルキスタンへの中国侵略、虐殺問題を大々的に取り上げ、世界のマスコミは連日、特集でテレビ放映されていった。特に放射線被害の後遺症が特集として採り上げられ、東トルキスタンの悲劇、いわゆる「ウイグル問題」が世界中で話題となっていく。ＥＵから見れば、ウイグルはヨーロッパとモンゴルの中間に位置する重要な立地であり、この国の独立を取り戻し、ＥＵ資本はモンゴルへの鉄道建設、空路確保を計画、ハブ輸送地としてウイグル自治区は重要な位置だった。国際擁護団体はこう主張した。

「ソ連でさえも人々の居住区での地表核実験は避けてきたのに対して、それを中国は強行した。そんな中国に比べればあの旧ソ連さえ紳士的だ」

「中国は被曝者が団体を作ることも抗議デモをすることも許さない、治療費も出さない。放射線被害状況を隠蔽し、海外からの援助支援団体も受け入れない。原爆症患者が30年以上も放置されたままなのだ」と一大プロパガンダを開始する。日本では大阪、神戸、淡路島、泉南で代理東京オリンピックを成功させる。

ここで話は少しそれるが、世界をコントロールする影の力、影の組織について話してみたい。

世界は国連を中心に管理されているように見えるが、実際はロスチャイルド家、ロックフェラー家、フリーメイソン、イルミナティなどの影の意志がコントロールしている。彼らは、世界のあらゆる組織、機関を通してその意志を実行、成就させていく。国際擁護団体、国連、欧州、アメリカも同じで、本書について「国連」「国際社会」などの言葉の裏に、そのコントロール、意志が存在することを念頭に読み進めて欲しい。政治、世界金融、医療、食品を操るロスチャイルド家、ロックフェラー家、フリーメイソンなどを言い、その影の力を「イルミナティ」という一語で表現する。イルミナティとは、ラテン語で「光に照らされたもの」を意味する。宗教的意味では「啓蒙、開化」があるが、近世以降、この名前で呼ばれた秘密結社が数多く存在し、テンプル騎士団、シオン修道会、アサシン、フリーメイソンとの関連等を持つ組織名である。

２０２１年、国連はウイグルに独立国家樹立を認め、コーカンド・ハン国の末裔、チンギスハーン氏を国王と認める決議を採択、中国に、これまでの侵略と大虐殺の賠償を命じた。同時にトルファン市を国連監視地域として監視団を派遣する。これに賛同したインドは六十万の軍隊を送り、韓国は二十万を派兵したが、両国とも国連監視団という名目での派兵だった。トルファンに監視団が入ると、喜んだウイグル人が大挙してトルファンに結集、徐々に監視地域を拡大していった。自然とウイグル軍が結成され、ウイグル国パスポートがトルファンで公布されるようになる。

NATO軍、多国籍軍、インド軍、韓国軍は国連監視団の指揮下に入り、ウイグル軍、ウイグル人による施設整備、基地建設、都市建設へのサポートを推し進めた。韓国は旧北朝鮮の六十万の男女兵士と移住希望住民を集め、九十万人を移住者としてウイグルに送り込み、砂漠の緑化を進め、ウイグル国の国民として開拓した土地を自由に与える、という政策に協力する。天山山脈地下水をパイプラインを通じ砂漠地帯に送り込み緑化させる、という大プロジェクトが開始、五十万人が参加することになる。その資金は西側の中国資産凍結により賄われることになった。

国連決議とウイグル国パスポート発行、国連監視団に所属する百万の多国籍軍により、国際圧力を感じた中国は、ウイグル自治区（旧東トルキスタン領地一部）より撤退、国境に六十万の中国軍を配置し対峙する。一方、多国籍軍の天山山脈地下水を砂漠に運ぶプロジェクトと平行し、核汚染された土壌、物質を中国国境に運び、現代版「万里の長城」を作るため、大量の建設機械、掘削機器、運搬車両が準備された。放射線防御服を装備した百万人による作業が開始、同時に道路、基地、空港、居住生活施設が整備されていく。

放射線汚染土壌やがれきは、1700台もの大型ダンプカーにより、次々と中国国境に運搬、投棄され、まるでピラミッドのように高く、広く、国境に横たわっていった。

徐々に道路が整備され、欧州、アメリカ、日本、韓国、インドの石油会社が進出し、油田の調査と掘削が開始されるが、このウイグルの地はもともと石油、天然ガスなどのエネルギー、鉄鋼が豊富な国なので、各国企業による大型資本が投入されていった。

緑化計画を進める砂漠をタクラマカン砂漠といい、二十七万平方キロメートルの広大なものだ。語源は、ウイグル語の「タッキリ（死）」「マカン（無限）」、つまり「死の場所」「死の世界」「生きては戻れぬ死の砂漠」という意味を持つ砂漠である。シルクロードの難所でも有名だ。天山山脈地下水による緑化が成功すれば、日本の国土の5倍という広大な有効国土が誕生する。豊富な地下資源もあり、世界各国の叡智が緑化プロジェクトに寄与していった。

最初に完成したのは、2本の5000メートルという長い滑走路を持つ軍用基地と4本の4000メートル滑走路を完備した空港で、未来のハブ空港を目指した広大な施設だ。すぐに大型紡績工場、皮工場、乳業工場など続々と完成し、そこに韓国からの移住者、ウイグル人、インド人を雇用し、世界の工場としての基盤ができていった。

2022年、国連主導によるウイグルの発展に、南モンゴル、チベットも国連への働きかけを強めていく。どちらも武力を持たなかったため、中国に侵攻、略奪された国である。世界各国も国連に働きかけていたが、ウイグルを中国から奪還した国連は、次のステップとしてチベット、南モンゴル解放を視野においたスケジュールの「一行程」に過ぎなかった。中国が戦争を開始しない限界が「ウイグルを手放すこと」と考えられていた。

最初に南モンゴルやチベットの強制的解放を推し進めれば、中国は間違いなく戦争を開始するだろう、と推測していた。そこで、まずウイグルの地に多国籍の強大な軍事力を「くさび」として打ち込む必要があった。ウイグルに強大な軍事力を確保すれば、チベット、南モンゴル解放に対し、中国が抵抗しても、すぐに攻撃できる立地にあるのがウイグルという地の利であり、つまり南モンゴル、チベット、中国との中心地帯、ウイグルは「要の地」として軍事力を持たせることが不可欠だと分析されていた。ウイグルの地に強大な軍事力を構築し、将来韓国内の中国国境沿いにアメリカを含んだ韓国軍、南モンゴルに軍事力を確保すれば完全に中国を押さえ込める。中国の出口を全て塞いだ上で、最後に大戦争を行うのが理想だ、という分析結果だった。そう、台湾を最後の戦いの舞台にすれば、国際社会は最も納得するからだ。

イルミナティは戦争を好む。中国が武器を持てば持つほど、それに対する韓国、日本、フィリピン、台湾、ベトナム、インド、タイなどに武器を売れることになる。そのためには、まず「北朝鮮」や「中国」に売り込めば最高だ。どの国が戦争しようと儲かるのが「イルミナティ」の立場で、武器以外にも医薬、金融、食料、情報、メディアなども〝国〟という小さな単位でなく、地球規模でのコントロールを考え実行している組織が「イルミナティ」なのである。イルミナティにとって、戦争はよいことなのだ。西側諸国と中国が戦争すれば、それもいい。しかし、より利益をと考えれば、まず中国周辺国から徐々に利益を上げていけば、より良い。その布石が国連によるウイグル国承認だった。ウイグルに武器や医薬品、食料を売り込み、それが完了すればチベット、南モンゴルと続いていく。同時にインド、タイ、ベトナム、フィリピン、台湾、韓国、日本なども大きな武器市場となる。

中国が武力、軍事力を巨大化すればするほど良い。

「豚は太らせてから食べる」

ただただこの計画を推し進めるだけである。これが「イルミナティ」たちの発想、原点である。豚の成長を待つ畜産家、買い付け業者スタンス、その肉を喰らう人間たち。この場合、豚が中国であり、喰らう人間とは、当然「イルミナティ」である。

2024年2月1日、国連は台湾を国として承認する。すでに台湾は軍事力を強化しており、航空戦闘力では中国と対等となっていた。アメリカは過去より締結していた安全保障を、より強化した合意内容で正式調印、これを全世界に発信する。すでに2020年にはアメリカは第八艦隊を発足させ台湾、ベトナムを中心に、インド洋東からオーストラリアまでをカバーする大艦隊を編成していた。主目的は、台湾防衛と中国に対抗するものであり、第7艦隊を補佐、補強する目的であった。

国連の台湾承認こそ中国を暴発させる「導火線」だった。予想通り中国は猛反発、東海岸に大艦隊を集結、陸軍五十万と800隻もの戦車揚陸艦を集結させていた副州、温州の軍港7カ所に移動を開始する。これは偵察衛星により察知され、国連側も第7艦隊を沖縄に向け佐世保、呉を出航させる。韓国軍は中国国境沿いに四十万の兵力と、長距離対空ミサイル、中距離、短距離ミサイル350車両を配置、航空戦闘力はすでに中国空軍と同等となり、海軍力は日本海軍と併せると中国より勝っていた。

軍事分析では中国が韓国国境に侵攻することが不可能なほど軍事力を増強させており、中国の暴発相手は台湾のみと予想されていた。中国に戦争を勃発させる最後の工作はCIAが担当した。

2024年6月11日、HAARPが使用された。アラスカ州ガコナ、ウイグル国タクラマカン砂漠から大出力高周波の照射を開始。照準は副州、温州の軍港付近五十万の中国軍駐屯地だった。

CIAは国防高等研究計画局に働きかける。その使用目的は、一帯の通信妨害であった。

HAARPとは、高周波電波を電離層で反射させ、地上に跳ね返させる、という装置だ。極秘裏にタクラマカン砂漠に建設されていたHAARPは、アラスカの3倍の施設と威力を持ち、その使用目的は粒子ビーム兵器としての利用であった。

携帯電話の電磁波が神経膠腫、聴神経腫瘍を引き起こすことはご存じだろうが、その5000倍の電磁波を、中国五十万兵士に照射するのが、タクラマカン砂漠に建設されたHAARPの目的だ。別名電子レンジ作戦である。粒子ビーム兵器としての効果検証は2024年時点では兵器として実験段階だった。しかし、CIAは強行させたのだが、その効果は絶大で、五十万中国兵士は、通信不能、強い頭痛、吐き気に襲われていた。次々と衰弱し、戦意は消失していく。この攻撃を台湾からのものとして、中国は通常弾頭ミサイル20基を台湾に発射し、ついに戦争の引き金を引くことになる。

中国は挑発に乗ったのだ。

ミサイルの大部分は広州基地から発射された。広州から台湾までの距離は、わずか600キロメートル。上昇、下降を含めて7分で台湾に着弾する。

偵察衛星は発射から20秒で赤外線を感知、正確な軌道を台湾軍ははじき出した。直ちにSIM5中距離迎撃ミサイルが、台北、台中から飛び立った。台湾に配置されたSIM5迎撃ミサイルの迎撃成功率は97%と高く、アメリカでの訓練では世界トップの成績を収めている。台湾からの発射より早く、石垣、宮古沖に展開していた第7艦隊イージス艦部隊からも迎撃ミサイルは発射されていた。同時に反撃ミサイルを発射、台湾軍は中国軍戦車揚陸艦800隻に向け中距離ミサイルを集中使用、同時に第7艦隊は中国の新鋭原子力空母2隻に対し集中攻撃をする。

台湾にとって中国の脅威は800隻もの戦車揚陸艦だった。アメリカは台湾の援護のため中国空母を攻撃した。これは事前に計画された防衛計画、安全保障会議ですでに「アタック・プロシージャー」として完成していた。台湾にとって、どのように些細な中国からの攻撃でも、それを利用して800隻の戦車揚陸艦隊、2000両の戦車部隊を消滅させるのが目的だった。アメリカにとっても同じで、そのチャンスを利用し、中国が誇示する新鋭原子力空母2隻を叩きつぶしたかったのだ。これらの計画は、すでにアメリカ軍事研究機関でシミュレートされ、中国からのミサイルは迎撃できる、と分析されていた。

対中国戦闘機戦でも台湾空軍は対等に戦える能力を保持し、対中国艦船へは、台湾海軍と第八艦隊で撃破できる範中である。対中国原子力潜水艦では第七、第八艦隊の攻撃型原子力潜水艦が確実に破壊できる。中国原潜は特異な振動音を発し、最新ソナー追跡魚雷は中国原潜を100%追尾、破壊できる。これらのシミュレーションは、すでに、あらゆるパターンで研究済みだった。

中国の脅威は、あくまで五十万軍隊による台湾上陸と、それを可能とする800隻の戦車揚陸艦の存在、また、中国海軍のバックボーン、象徴である新鋭原子力空母2隻である。これさえ沈めれば、士気は低下すると計算、分析されていた。そして計算通り、中国の中距離ミサイルは全機迎撃爆破、兵士のいない戦車、揚陸艦はおもちゃのように破壊された。すでに離陸していた台湾空軍が待機戦車、揚陸艦攻撃を開始。２００機の攻撃戦闘機で、残った箱舟、戦車を破壊、それをF35戦闘機１５０機が中国空軍戦闘機を警戒しながら見守った。

アラスカ、タクラマカン砂漠に建設されたＨＡＡＲＰは、次の標的、中国艦隊に照射され、アメリカ原子力潜水艦隊は、攻撃型原潜の後方から中国原子力空母に徹底したミサイル攻撃を行った。強力な電磁波に晒され、中国海軍の対空ミサイル網は満足に機能せず、アメリカ第7艦隊の集中ミサイル攻撃と原潜の対艦ミサイル攻撃により中国の誇りは海の藻屑と化した。

中国空母より発艦できたのはわずか5機の戦闘機だったが、6分の飛行も継続できず撃墜されていく。その直後、中国空軍の戦闘機が20機、30機と各航空基地から第7艦隊、台湾戦闘機に向かっていた。

第7、第8艦隊所属戦闘機隊は空母艦隊守備体制に就いた。第7、第8艦隊には、それぞれミサイル護衛艦が15隻ずつ、計30隻で防御していた。中国攻撃機への対空ミサイル防御態勢は完璧で、20機、30機単位の編隊には小型核弾頭の対空ミサイルが対応する予定だ。小型核弾頭を積んだ新型ミサイル護衛艦が30隻でガッチリ守っている。その攻撃から逃れた中国戦闘機が、第7艦隊や第8艦隊空母に向かったとしても、あとはアメリカ海軍の誇る戦闘機と沖縄からの増援F35戦闘機60機がガードする防御態勢で全く心配ない。そこで、中国戦闘機への対応は台湾空軍に任せた。直ちに台湾戦闘機は、中国福建省海岸線で中国戦闘機を迎える。世界始まって以来の大空戦、最新鋭F22ジェット戦闘機を誇る台湾空軍150機と中国新鋭J20戦闘機120機、ロシア製T50最新戦闘機80機との、台湾150機対中国200機による大空中戦が始まったのである。戦車揚陸艦攻撃と同時に、付近の戦車部隊、対空ミサイルは破壊されていたが、台湾空軍は、福建省陸地上空での戦闘は避け、空戦場所を東シナ海上空としたのだ。これも事前に計画されたものであり、中国戦闘機、ロシア製戦闘機との航続能力よりアメリカ製F35の方が優位であり、それを活用する戦法を採った。

台湾空軍は翼を広げた鶴のような守備体制を取り、中国空軍戦闘機を待った。台湾戦闘機機上レーダーは80マイル先のターゲットを捉え、次々とロックオンを始めた。中国、ロシア戦闘機のロックオン・マキシマム・ディスタンス（LMD）65マイルという弱点を狙う守備体制だった。ロックオンされると同時に空対空ミサイルが発射された。中国戦闘機は退避飛行とチャフを放出、4機編隊ごとに分散し、ついにドッグファイトが開始された。東シナ海上空で350機が入り乱れるドッグファイトとなったのである。開始直後、60もの空中接触、爆発が発生、空一面に戦闘機が乱舞する壮絶な空中戦となった。その後も空中接触、衝突が相次ぎ、その破片が飛び交う彼我の戦闘機に損傷を与え、空中戦下方には、ベイルアウトしたパイロットたちのおびただしいパラシュートが舞っていた。

ドッグファイトに関しては台湾空軍が有利だった。それは徹底したアメリカ空軍との模擬訓練の成果であり、バルカン砲は的確に中国戦闘機を捉えていた。30分も経過した頃、残った中国戦闘機40機は退避行動に移った。アフターバーナーを使用し過ぎ、残燃料を知らせる警報が鳴り始めたのだ。

中国戦闘機は次々と福建省陸地に向かっていく。その後方から45機の台湾戦闘機から空対空ミサイルが発射され、アフターバーナーを使えなくなっていた中国戦闘機は瞬く間に墜落した。中国は台湾へのミサイル発射、つまり開戦からわずか1時間6分後に、新鋭原子力空母2、通常空母3、護衛艦16、原子力潜水艦12、最新戦闘機200、戦車2000、揚陸艦800隻を失ったのである。この軍事力の大損失により、中国はそれ以上の攻撃には移れなかった。西側、特にアメリカの核威力に対抗できる能力はなく、核を使用した場合の西側世論と、すさまじいイラン、北朝鮮への反撃は、中国共産党幹部たちに恐怖さえ与えていた。中国に残されたのは、膨大な陸軍力のみであり、それは国境線防衛だけの軍事能力でしかない。強大な西側軍事力に立ち向かう気力、戦意は完全に喪失していた。

2024年8月5日、国連は中国に対し、台湾、モンゴル、チベット、ベトナム、インドへの合計十六兆ドルの賠償を命じた。また中国軍の解体を命じ、中国は経済破綻。再建管理国になり、イルミナティの中国総括はここに完了する。

HAARPの長期使用は、地球の電離層にダメージを与えたが、ガイアは自己再生能力でその傷を癒やし始めていく。中国を粛正後もイルミナティは次の戦争を計画する。イルミナティにとって戦争は必要不可欠だからだ。

イルミナティが恐れる存在。それは覚醒した人間のパワーである。覚醒した人間が発する想念エネルギーだ。すでに日本という国も「イルミナティ」に操られた国となっている。マイナンバー制が実施された時、日本人は完全にイルミナティたちの餌となるだろう。2014年1月現在、喜ばしいことに、日本や世界では徐々に覚醒した人たちが増加している。真実を見つめる眼「第三の眼」が開いた人たちがあちこちで立ち上がりつつある。

アメリカ紙幣一ドル札に描かれた「世界を見つめる眼」と「第三の眼」との戦い。

虚偽と真実との戦い。
それは悪魔と神との戦い、これこそが真の「最終戦争」である。

付録　未然の書　完

執筆後記

2014年に入りロシアによるクリミア侵攻、北朝鮮によるノドン核弾頭小型化実験、マレーシア航空機消息不明事件と、不穏な空気が漂う世界情勢となっている。今日、アメリカはドルの暴落を防ぐためにイランへの戦争は避けられない状況まで追い詰められている。また、ウクライナの非常事態を利用し、ウクライナ暫定政府のアルセニー・ヤツェニュク首相に33トンの金塊をキエフから、空路ニューヨーク連邦準備銀行に運ばせドル暴落防止に躍起になっている。しかも決定的なドル価値防衛の解決策として第三次世界大戦を勃発させ、権力と資本を守り抜きたいのがイルミナティである。

第一次、第二次世界大戦へのプロセスと2014年までの歩みは同じようなプロセス、つまり各種経済指標を示している。ただアメリカ発の大恐慌は避けたいらしく、狙われているのが中国発の大恐慌である。

このような過去の世界闇組織イルミナティに対抗する画期的技術を持つのがケッシュ博士率いるケッシュ財団であり、彼らの台頭が2014年から始まった。特に軍事、エネルギー、医療、宇宙分野での革新的技術だがイルミナティにとっては是非とも抹殺したい技術であろう。ところがイランを中心にするイスラム諸国が彼らを守っている。前述の如く、ケッシュ技術にはアメリカもお手上げである。最新鋭無人偵察機の無傷捕獲、最新鋭のボーイング787への安全神話破壊と続いた。ついにイスラム諸国と欧米とがマレーシア航空に搭乗したケッシュ技術履修者の中国流出を阻止しようとした国際陰謀の暗躍。

まさにケッシュ技術を巡っての争奪戦と、阻止勢力の葛藤する世界情勢真っ直中に私たちは生きている。イルミナティの計画により、大恐慌と第三次世界大戦は必ず実行される。これは避けられない。私たちにできることは激動の世界情勢を的確に読み取り、自給自足への備えを始めることだろう。この戦争により、ドル取り引きを無視するイランは完全に破壊され、北朝鮮も消え去る。中国も分割されイルミナティの目指す世界統一計画は成就されていく。そして過剰供給されたドルはストップされ、新世界通貨での世界経済がスタートしていくのだろう。

新しい世界では石油、医療、エネルギー、軍事の姿は大変化してケッシュ技術による清潔で緑豊かな地球が蘇ると思われる。

それにつけても、なんという激動の世界に私たちは生きているものだとつくづく感心させられる日々であることよ！　読者諸氏には幸あらんことを祈りつつ。

2014年4月　横浜にて　ベリー西村

◎ 著者プロフィール ◎

ベリー西村

元航空自衛隊パイロット、民間を含め総飛行時間6800時間。
神戸市出身。会社経営の傍ら軍事核を始め、主に宇宙、時間、夢、原発、軍事を研究している。

主な著書
「陰謀 ── 天皇奠都と日本純血統人の使命」
「夢研究者と神 ── 神が語った睡眠・宇宙・時間の秘密」
「洗脳 ── あなたが集団催眠から脱却する本です」(以上明窓出版)
電子書籍「原発マトリクス」「未然の書」

マレーシア航空《こうくう》370便《びん》
隠蔽《いんぺい》された真実《しんじつ》と
ついに動《うご》き出《だ》すケッシュ財団《ざいだん》の神技術《かみぎじゅつ》

ベリー西村《にしむら》

明窓出版

平成二十六年六月二十五日初刷発行

発行者 —— 増本 利博
発行所 —— 明窓出版株式会社
〒一六四—〇〇一二
東京都中野区本町六—二七—一三
電話 (〇三) 三三八〇—八三〇三
FAX (〇三) 三三八〇—六四二四
振替 〇〇一六〇—一—一九二七六六
印刷所 —— シナノ印刷株式会社

落丁・乱丁はお取り替えいたします。
定価はカバーに表示してあります。

ISBN978-4-89634-346-5
ホームページ http://meisou.com

夢研究者と神

ベリー西村

世界初！　夢世界を完全解明。最新科学、宇宙学、量子力学、神学、精神世界を網羅し初めての切口で宇宙創生、時空の秘密をも明かす。

夢に興味のある方必読の書です。後半の「神との対話」では睡眠、宇宙、時間の秘密を神が語っているのですが、その内容は正に驚愕。
夢のみならず科学、神学、精神世界に興味のあるすべての方に読んで頂きたい本といえます。

一．夢の本はつまらない／二．夢は三世界あった／三．夢は白黒？／四．夢判断、夢分析は危険／五．脳が作り出す夢の特徴／六．脳夢を楽しもう！／七．脳のリセット方法／八．繰り返し見る夢／九．入学資格テストの夢／十．境界意識夢／十一．驚異の催眠術／十二．自覚夢（明晰夢）の体験方法／十三．自覚夢の特徴／十四．魂の夢／十五．睡眠で得る健康・若さ維持／十六．アルファ波の確認方法／十七．時空を超える夢／十八．予知夢／十九．覚醒未来視／二十．夢での講義／二十一．神との対話

定価1543円

洗　脳
あなたが集団催眠から脱却する本です
ベリー西村

日本人1億2千万人すべてが洗脳されていた。すべてを闇に陥れる恐るべき洗脳から解放されるための、明確な解答を提示。本書を読んだあなたは必ずや、これまで連綿と続いていた集団催眠から脱却できるでしょう。

本文内容から）地球人口１００億人問題／人類火星移住計画／ボーイング７８７でのバッテリー事故／イラン米軍偵察機を無傷捕獲／中間意識の世界／神を目覚めさす方法／赤ちゃんから見た姿／だれもが超能力者、天才になれる／あなたが信じることを現出する／正しい祈りへの「宣言」方法／神覚を目覚めさせる方法／洗脳を見抜く眼／死後の世界／黄金比とゆらぎ／ソウルメイトと天使・悪魔の関係／愛と根源意識の愛はこんなに違う／ＷＨＯ（世界保険機関）の洗脳／赤ちゃんへの超音波診断は危険／ピンクの遺骨と医療界／ホログラフィと液晶の関係／死と直面した時／長時間「死と隣り合わせ」／ペルシャと真言密教の秘密／もんじゅ・一万点の機器点検漏れ／Ｊ・ＰＡＲＣ放射線事故／宇宙はいったいどのように作られたのか

定価1836円

陰　謀

天皇奠都と日本純血統人の使命

ベリー西村

純血統の日本人とはなにか、その託された使命とはいったい何なのか。奠都（てんと）により開かれる伊勢神宮、出雲大社、籠神社、鞍馬寺の封印、秘法etc.を解く。
悠久の１万６千年を彷徨う日本純血統人達の壮大な歴史ロマン。貴方が純血統の日本人なら、本書を読んだときDNAが躍動、高揚、その時、心の奥深く潜んでいた日本純血統人の役目、役割に気づくでしょう。

（内容）世界を操る陰謀、イスラエル建国の秘密、GHQマッカーサーの極秘調査、地球文明発祥の地・青森、シュメール文明の真実、キナバル山の役目、日本に配置されたピラミッド、スフィンクスの目的、本当の聖書、シオン議定書、自衛隊を一分間で無力化、人類削減計画、徐福の秘密、真実の宗教、秦の始皇帝の秘法、陳寿筆法の秘技、真の卑弥呼と邪馬台国、出雲国譲りの秘密、真実の日本書紀・古事記、聖徳太子の秘密、アマテラスとシュメール文明、真実のスサノウ、天皇と「かごめかごめ」の関係、伊勢神宮・出雲大社・籠神社による封印網、鞍馬魔王尊の役割、天孫再臨の秘法、天皇家・江戸城封印の秘密　定価1404円

地球維新　黄金神起　　封印解説

脚本監修　中今悠天

作者　天声会議

中今氏渾身の話題作。求めよ、さらば封印は解かれん！
誰もが知る、あのアニメや特撮ヒーローには、隠された暗号が存在している。黄金神起の封印はいま紐解かれ、月の裏側の謎に迫る。数々の物語に散りばめられたエピソードは、フィクションか？　あるいは事実なのか？　暗号を読み解いた時、あなたの現実は音をたてて崩れ去り、黄金人類の扉が開かれゆく。

（重要キーワード）
キングソロモン流錬金術／ゴジラ（被曝竜）・モスラ（菊理媛、スクナヒコナ）／ウルトラマン神話（火・風・水の謎「火（霊）」の謎解き）／仮面ライダーの秘密（火・風・水の謎「風」の謎解き）／戦隊もの、大魔神の秘密等（火・風・水の謎「水」の謎解き）／ウルトラセブンに隠された謎（火・風・水の火の章）／機動戦士ガンダム／仮面ライダーＶ３の謎（火・風・水の風の章）／マジンガーＺ／ゲッターロボ／鋼鉄ジーグ／宇宙戦艦ヤマト／機動警察パトレイバー／ジェッターマルス／海のトリトン／映画『日本沈没』銀河鉄道９９９／【宇宙意識との会話】（他）

秘密のたからばこ

佐藤和也

最初、必ずやあなたは迷宮に導かれます。しかし読後のあなたは、自身にも信じられないところに運ばれます。

【数々の戦慄の予言と、胸をつかまれるような恋物語の融合の妙が、読む人を捉えて離さない】


（読者からの感想文）

最初手にとって思いました。こんな分厚い本、最後まで読めるかなって。心配は杞憂でした。その厚さに驚いてはいけない。真の驚きは後半にあります。そして前半があるからこその後半です。

その前半は後半に繋がる物語ですから、単なる恋愛物語ではありません。一気に読み進めました。そして怒涛の後半へ導かれます。

後半は、自分に言われているようで、これでもかこれでもかと叱咤されます。本の中に書かれているように、ジワジワと売れ出し、今後2000年間のベストセラーになるのか？

最初、見た目で1ヶ月はかかるなと思いましたが、4日で読み終えました。寝食を忘れ、止められないのです。

今、この本を手にした人たちは開拓者とも言えます。これが大げさでないことを、ぜひご自身で体験してみてください。

定価3024円

単細胞的思考　　上野霄里

渉猟されつくした知識世界に息を呑む。見慣れたはずの人生が、神秘の色で、初めて見る姿で紙面に躍る不思議な本。ヘンリー・ミラーとの往復書簡が４００回を超える著者が贈る、劇薬にも似た書。

岩手県在住の思想家であり、ヘンリー・ミラーを始めとする世界中の知識人たちと親交し、現在も著作活動を続けている上野霄里。本書は1969年に出版、圧倒的な支持を受けたが、その後長らく入手困難になっていたものを新たに復刊した、上野霄里の金字塔である。本書に著される上野霄里の思想の核心は「原初へ立ち返れ」ということである。現代文明はあらゆるものがねじ曲げられ、歪んでしまっている。それを正すため、万葉の昔、文明以前、そして生物発生以前の、あらゆるものが創造的で行動的だった頃へ戻れ、と、上野霄里は強く説く。本書はその思想に基づいて、現代文明のあらゆる事象を批評したものである。上野霄里の博学は恐るべきものであり、自然科学から人文科学、ハイカルチャーからサブカルチャー、古代から現代に至るまで、洋の東西を問わず自由自在に「今」を斬って見せる。その鋭さ、明快さは、読者自身も斬られているにも関わらず、一種爽快なほどで、まったく古さを感じさせない。700ページを超すこの大著に、是非挑戦してみていただきたい。きっと何かそれぞれに得るところがあるはずである。

定価3888円